W0292332

Heliane Klingelhöfer-Grundel

Der Traum von Kanada

Ratgeber für Auswanderer

und alle, die es noch werden wollen

Für meine Kinder
Für meinen Traum

Spell of the Yukon

No! There's the land. (Have you seen it?)
It's the cussedest land that I know,
From the big, dizzy mountains that screen it
To the deep, deathlike valleys below.
Some say, God was tired when He made it;
Some say it's a fine land to shun;
Maybe; but there's some as would trade it
For no land on earth – and I'm one...

...The summer – no sweeter was ever;
The sunshiny woods all athrill;
The grayling aleap in the river,
The bighorn asleep on the hill
The strong life that never knows harness
The wilds where the caribou call;
The freshness, the freedom, the farness –
O God! how I'm stuck on it all...

There's a land where the mountains are nameless
And the rivers all run God knows where;..
There's a land – oh, it beckons and beckons,
and I want to go back – and I will...
It's the great, big broad land way up yonder.
It's the forests where silence has lease;
It's beauty that thrills me with wonder,
It's the stillness that fills me with peace.

(*Robert Service*)

Vorwort

Ich habe in diesem Buch bewußt auf Photos verzichtet, da es Ihnen ein Ratgeber zur Auswanderung sein soll und kein Reisebericht. Es soll Sie - soweit in diesem Rahmen möglich - recht umfassend informieren. In unserer Vorbereitungszeit, die auch Sie nicht zu kurz einplanen sollten, habe ich sehr viel Zeit damit verschwendet, die richtigen Informationen zu erhalten. Manche Stellen helfen einfach nicht weiter, manche Quellen waren auch total veraltet. Adressen stimmten nicht mehr, es mussten z. T. weitere Informationen ausgegrenzt werden, da sie nicht mehr gültig waren. Ich habe mich redlich bemüht, zur Zeit geltende gesetzliche Bestimmungen, gültige Informationen, aktuelles Adressenmaterial, etc. anzuführen und hoffe, Ihnen dadurch Anregungen und Hilfestellungen geben zu können, um die Verwirklichung Ihres Traumes von einem neuen Leben in Kanada in Angriff zu nehmen. Aber verzeihen Sie es bitte, wenn gerade in der schnellebigen Welt des Internets, einige der angegebenen Web-Adressen sich geändert haben sollten.

Bitte, lassen Sie mich an Ihrem Erfolg teilhaben und teilen Sie mir Ihre Erfahrungen mit. Auch für Anregungen oder Kritik wäre ich Ihnen dankbar. Ich werde mich bemühen, jede Zuschrift zu beantworten.

Vielen Dank und **viel Glück in Kanada!**
Heliane Klingelhöfer-Grundel, im Mai 2000

Impressum

Copyright © by author
Nachdruck, auch einzelner Teile, ist verboten. Das Urheberrecht und sämtliche weitere Rechte sind der Autorin vorbehalten. Übersetzung, Speicherung, Vervielfältigung und Verbreitung einschließlich Übernahme auf elektronische Datenträger sowie Einspeicherung in elektronische Medien ist ohne vorherige schriftliche Genehmigung der Autorin unzulässig und strafbar.
Printed in Germany 2000
Herstellung: Libri Books on Demand
ISBN 3-8311-0577-4

INHALT

ERSTE VORBEREITUNGEN

Im April 1998 entschlossen wir uns nach Kanada auszuwandern, um dort ein neues Leben zu beginnen. Die für uns fast nicht vorstellbare Weite des Landes, der Mythos vom vielleicht letzten Abenteuer dieser Zeit hatte uns die letzten Jahre über verfolgt. Unseren Kindern diese Natur - fernab vom sich hier immer mehr ausbreitendem Konsumdenken - näherzubringen, war natürlich auch ein Anliegen. Fast grenzenlose Freiheit außerhalb der Urbanisationen schien sehr verlockend zu sein. Tief in meiner Seele schlummerte dieses Verlangen, ja diese Sehnsucht schon lange Jahre: Kanada, das Land meiner Träume. Als ich dieses Land das erste Mal besuchte, wusste ich: Hier bin ich zuhause, hier wollte ich leben. Ich hatte das Ziel meiner Träume gefunden. Und wir begannen, den Traum für uns alle zu verwirklichen. Man kann, vor allem wenn man schulpflichtige Kinder hat, nicht einfach alle Brücken hinter sich abbrechen,die Koffer packen und nach Übersee in eine vielleicht unbestimmte Zukunft ziehen. Ein teils langer, teils beschwerlicher Weg begann. „Per aspera ad astra", diese lateinische Redewendung begleitete mich schon seit meinem Schulabschluss, was soviel heißt wie "auf rauhen Pfaden zu den Sternen". Ich hatte schon viele rauhe Pfade in meinem Leben beschritten, ohne zu den Sternen gelangt zu sein, doch dieses Mal, dieses eine Mal nahm ich mir vor, würden die rauhen Pfade geebnet werden, so dass ich die Sterne erreiche!

Am Anfang stand die **Information** über das Land. Wohin wollen wir? Da wir später etwas im touristischen Umfeld machen wollten, kamen für uns in diese Vorauswahl nur der Yukon und British Columbia. Wir entschieden uns für den Nordwesten British Columbias, landeten aber schließlich doch im faszinierenden Yukon. Zwar vielerorts, vor allem im Süden einigermaßen gut erschlossen, doch immer noch sehr ursprünglich und teilweise wild. Natur pur! Als dieses Ziel feststand, holten wir uns all die Informationen ein, die nur zu bekommen waren. Dieses sollten Sie beherzigen: Informieren Sie sich über **einfach alles** in Ihrer neuen Wahlheimat. Gehen Sie in einen Buchladen und stöbern dort in der Reiseliteratur. Das schafft schon einmal einen guten Überblick für's Erste. Wählen Sie einen möglichst dicken Reiseführer über die Provinz Ihrer Wahl aus und lernen Sie daraus schon einmal vorab den Teil Kanadas kennen, den Sie auserkoren haben. Eine gute Straßenkarte ist sicherlich auch nicht zu verachten, da man dann die oftmals sehr kleinen Orte in einen Bezug zu ihrer topographischen Umgebung bringen kann, z. B.

- www.magellan-buch.de
  Road Atlas Canada & USA, Nr. 28010, DM 19,80.

Falls Sie einen PC mit Internetanschluss besitzen sollten, ist es sogar noch einfacher. Jede Region Kanadas, ja fast jede Gemeinde, die sich mit dem Tourismus befaßt - und das ist ein Riesenanteil - hat viele Seiten ins Netz gestellt, in denen man sich hervorragend informieren kann. Falls Sie über keinen Internet-Anschluss verfügen sollten, gehen Sie einfach zu einem Bekannten oder aber ins nächste Internet-Cafe, dort können Sie für 6-8 DM / h durch das Internet surfen und sich unter fachkundiger Anleitung einen Überblick verschaffen. Scheuen Sie sich bitte nicht davor, dies zu tun. Es ist ungeheuer informativ, weitaus schneller und vor allem günstiger als der postalische Weg per Luftpost. Lassen Sie sich Info-Material der einzelnen Tourismus-Verbände zusenden:

* www.manitoulin.on.ca/
* www.yukonweb.com/
* www.coastandmountains.bc.ca/
* www.tourism.queens.ns.ca/
* www.canadian-art.com/
* www.atlinquest.com/
* www.cariboo.bc.ca/
* www.grousemountain.com/ (mit einer Vielfalt an Links zu Gemeinden, Chambers of Commerce, etc.)
* www.city.whitehorse.yk.ca/
* www.crd.de/
* www.canadatourism.com/
* www.pch.gc.ca
* www.stjacobs.com
* www.city.waterloo.on.ca
* www.kanadanews.de (enthält auch ein Auswandererforum und weitere Informationen)
* www.north-america.de
* www.rockymtnvacation.com
* www.bcstats.gov.bc.ca

Weitere Adressen finden Sie sowohl bei den jeweiligen Provinzbeschreibungen als auch im Anhang.

Verschlingen Sie jegliche Information, die Sie bekommen können. Informieren Sie sich über die Geschichte Kanadas, das politische System und alles, was dazugehört, ein neuer Bürger dieses Landes zu werden. Es gibt auch eine kanadische, aber deutschsprachige Zeitung, „Canada-Journal", welche für Einwanderer und Touristen gleichermaßen geeignet ist.

Der Verlag druckt ebenso immer wieder zusätzliche Publikationen, die Besonderheiten der Einwanderung oder Kanadas Wirtschaft betreffend. Sie können diese Zeitung im Internet unter folgender Adresse

www.kanadajournal.de

abonnieren und bekommen sie druckfrisch aus Kanada zugestellt. Das Jahresabonnement kostet DM 65,- bei Vorauszahlung im Lastschriftverfahren.

Überall werden Sie auf Annoncen von sogenannten „**Immigration-consultants**" treffen, Rechtsanwälte, Steuerberater, Investmentberater o. ä., die Ihnen die Formalitäten einer Einwanderung abnehmen wollen, Investitionsobjekte anbieten und Ihnen suggerieren, die Einwanderung wäre schon so gut wie genehmigt. Doch lassen Sie sich nicht allzu leicht täuschen: Die Genehmigung zum ständigen Aufenthalt wird alleine von den kanadischen Einwanderungsbehörden entschieden und die Visaabteilung läßt sich nicht durch kommerzielle Bearbeitung der Anträge beeinflussen. Es kostet nur Geld, z. T. sehr viel Geld und die Antragstellung ist nicht sonderlich schwer - nur eine der beiden Amtssprachen sollten Sie schon beherrschen.

www.kanada-info.de/
(Informationsseite der kanad. Botschaft in Berlin)

Überwiegend wird im ganzen Land Englisch gesprochen, obwohl die zweite Amtssprache natürlich Französisch ist. Falls Sie beabsichtigen, sich in Québec niederzulassen, also im franko-kanadischen Gebiet, sollten Sie natürlich gute französische Sprachkenntnisse vorweisen können. Falls Ihre **Sprachkenntnisse** noch zu wünschen lassen, rate ich Ihnen Sprachkurse zu belegen, da es sowohl Punkte für die Beherrschung der beiden Sprachen bei der Beurteilung Ihres Einwanderungsantrages gibt, als auch Sie persönlich diese Kenntnisse sicherlich in Ihrem Alltags- und Berufsleben in Kanada benötigen. Allerdings, falls sich die jetzigen Trends lt. letzter Volksbefragung weiter fortsetzen, werden die chinesischen Sprachengruppen Französisch als die nach Englisch am meisten gesprochene Sprache innerhalb Kanadas ersetzen (bedingt durch die hohe Zahl chinesischer Einwanderer, vor allem in British Columbia). In Manitoba und Sasketchewan werden auch Deutsch oder Cree gesprochen (in dieser Reihenfolge nach Englisch). Im Territorium Nunavut ist eine der offiziellen Sprachen Inuktitut, die Sprache der Inuit. Durch Handelsbeziehungen mit den USA und mit Mexiko ist auch Spanisch eine nicht unwichtige Sprache in Nordamerika und Kanada, zumindest im beruflichen Bereich in exportierenden Companies.

Sie können sich auch vorab beim **Raphaelswerk** (im Telephonbuch oder bei der Auskunft die Anschrift erfragen) unverbindlich in Ihrer Nähe beraten lassen. Dies ist eine Einrichtung, die Auswandererwillige oder Ehepartner von im Ausland lebenden Arbeitnehmern berät. Die Beratungen sind größtenteils kostenlos, manchmal fallen aber auch geringe Beratungsgebühren an. Dort können Sie auch Ihren Antrag auf Erteilung einer ständigen Aufenthaltsgenehmigung mit einem Berater zusammen ausfüllen (wenn Sie alle Unterlagen komplett beisammen haben).

Scheuen Sie sich nicht davor, professionelle Beratungsangebote anzunehmen, da man Sie dort auch über Chancen auf Einwanderung, evtl. Nachteile, Besonderheiten, etc. der möglichen neuen Heimat aufklärt und Sie sich Ihrer Ziele und Anforderungen noch einmal bewusst werden können. Nichts ist trauriger, als eine gescheiterte Auswanderergeschichte, weil man mit den falschen Vorstellungen und Voraussetzungen in ein neues Land seiner Wahl zieht und dann nach einem Jahr zwar um eine Erfahrung reicher, aber um viele finanzielle Mittel ärmer wieder in seine frühere Heimat zurückkehrt.

Eine weitere Anlaufstelle für Auswandererwillige ist die **Beratungsstelle des Institutes für Auslandsbeziehungen, Charlottenplatz 17, PF 10 24 63, 70020 Stuttgart.** Sie können auch über das Internet unter **www.ifa-ev.de** Kontakt aufnehmen.

DAS LAND

Kanada scheint das Land der schier unendlichen, unberührten Bergwälder zu sein, obwohl diese auch schon allzuoft dem Raubbau an der Natur zum Opfer gefallen sind, doch in den letzten Jahren wird verstärkt eine Wiederaufforstung betrieben und es wird immer mehr auf eine ökologische Rodung geachtet. Es ist das Land der schneebemützten Bergriesen, der stillen, unzähligen Seen, das Land der Gletscher und der mächtigen Flüsse und das Land der Bären und - der Lachse. Für mich ist es eine der letzten Bastionen der Tierwelt unserer Erde. Aber ich nehme an, dass Sie dies alles ja schon wissen, doch **wussten Sie schon, ...**

* -..**dass** es in Canada ein Santiago (BC), ein Amsterdam (Sask.), ein Reykjavik (Man.), einen Jerusalem Hill (N.S.), ein Paris (Yukon) und ein Kap Kopenhagen (N.W.T.) gibt?
* -..**dass** der Name Canada sich von einem indianischen Wort aus der Sprache der Irokesen ableitet und „Dorf“ oder „Siedlung“ bedeutet?
* -...**dass** die Yonge Street mit 1.886 km, laut Guinessbuch der Rekorde, die längste Straße der Welt ist? Sie verbindet Toronto mit dem Rainy River an der Grenze Minnesotas.
* -...**dass** der „Chinook“, ein trockenwarmer Wind, der vorwiegend im Süden Albertas auftritt, die Lufttemperatur binnen einer Strunde um 25 Grad anheben kann?
* -...**dass** es spezielle kanadische Hunderassen wie den Tahlan Bear Dog, den kanadischen Eskimo Dog, den Novia Scotia Duck Trolling Retriever, den Neufundländer und den Labrador gibt?
* -...**dass** das schnellste Landtier Kanadas die Pronghorn-Antilope ist? Sie erreicht im Sprint eine Geschwindigkeit von bis zu 95 km/h.
* -...**dass** der Blauwal, der vor Kanadas Ostküste und nördlich davon vorkommt, das größte Tier der Welt ist? Er kann eine Länge von bis zu 27 Metern erreichen und ein Gewicht von 132 Tonnen.
* -...**dass** der 7.821 km lange Trans-Canada Highway die längste Autobahn der Welt ist?
* -...**dass** die St. Elias Mountains im Kluane Nationalpark im Yukon weltweit die größte Konzentration von Eisfeldern und Gletscher aufweisen?

* -... **dass** das Ballspiel Lacrosse die älteste Sportart Nordamerikas ist und erstmals von Algonquin-Indianern im St.-Lorenz-Tal gespielt wurde?
* -...**dass** die Niagara-Fälle dem Volumen nach der größte Wasserfall der Welt sind? Niagara ist ein indianisches Wort und bedeutet „Donnerndes Wasser".
* -...**dass** Kanada von der weltlängsten Küste gesäumt wird? Einschließlich der Küsten von 52.455 Inseln beträgt die Gesamtlänge 243.792 km.
* -...**dass** die größten Bäume der Welt in den uralten Regenwäldern an Kanadas Pazifikküste wachsen? Sie haben eine Höhe von durchschnittlich 60 Metern, einige erreichen sogar mehr als 90 Meter!
* -...**dass** der Pazifische Ozean vor Kanadas Westküste mehr Arten von Meerestieren aufweist als irgendein anderes Küstengewässer der gemäßigten Zone?
* -...**dass** mit 8.890 km die längste unbewachte Grenze zwischen Kanada und den USA verläuft?
* -...**dass** die längste überdachte Brücke der Welt mit 385 m den St. John River (N.B.) überspannt?
* -...**dass** die Confederation Bridge als ein bautechnisches Meisterwerk die längste Brücke ist, die über ein zeitweise von Eis beherrschtes Meer führt?
* -...**dass** Céline Dion, Bryan Adams, Leonard Cohen, Dan Akroyd und Donald Sutherland aus Kanada stammen?

Kanada kommt uns zum Teil so vertraut vor, es erinnert uns an die Alpen, an die zerklüfteten Küsten skandinavischer Länder. Und doch ist es so anders, so scheinbar bekannt und doch so fremd. Es ist monumentaler, eindrucksvoller und vor allem einsamer. Mal eben 40, 50 km zum nächsten Geschäft fahren zu müssen, ist hier keine Seltenheit. Die Natur ist ursprünglicher, keine Gondelbahn erklimmt alle Gipfel und es fehlen die Almhütten und die lauten Autobahnen . Diese Art der Vermarktung ist hier glücklicherweise noch nicht in diesem Maße zu finden. Allerdings kann einem, gerade im Norden, das Ortsbild, nach unseren gewohnten Maßstäben, etwas verlottert, ärmlich oder ungepflegt erscheinen. Meistens ist dies aber durch die extremen Witterungsbedingungen bedingt – es wachsen dort nicht alle Blumen, Pflanzen oder Bäume, Farbe blättert schneller ab - wenn Sie in einer Gegend mit Permafrostboden sind, wellt sich halt das Pflaster durch die

Temperaturunterschiede und es lohnt sich nicht für die Bewohner, dieses jährlich auszubessern. Bevor man sich daher vielleicht vorschnell ein Urteil bildet, sollte man sich über diese Gegebenheiten der Natur informieren. Man sollte allerdings dies alles wissen, wenn man beabsichtigt, seine neue Heimat im Norden des Landes zu wählen.

Schotterstraßen sind in ganz Kanada gang und gäbe, man kann sich über ihren Zustand (vor allem im Norden Kanadas ein Muss), Tankstellen, Unterkunftsmöglichkeiten, Sehenswürdigkeiten, etc. vorab informieren unter :

* www.themilepost.com ($27.95, ISBN 1-878425-30-7).

Auch Tankstellen werden Sie hier wie bei uns üblich, vor allem nicht im Norden, alle paar Kilometer vorfinden. Der große „Volkssport" scheint Camping zu sein - kaum ein Wochenende, ja kaum ein Tag, an dem Sie keinem Wohnmobil begegnen. In den Sommermonaten sind die sehr zahlreichen Campingplätze fast überall ausgebucht und man sollte sich frühzeitig um einen Stellplatz kümmern. Fast überall können Sie Zelte, Outdoor-Ausrüstungen, etc. ausleihen. Wenn Sie selbst sich ein RV-Fahrzeug ausleihen sollten, dürfen Sie die Brauchwasserentsorgung nur an sogenannten *dumping stations* durchführen, sonst machen Sie sich strafbar. Beachten Sie auch evtl. mögliche Restriktionen beim Anmieten zum Befahren nördlicher Straßen oder Schotterstraßen. Einer der preisgünstigen Autovermieter ist *Budget.*

Ähnlich wie bei uns sind landesweit unter 0800 - Nummern Telephongespräche kostenlos. Bundesweite Notfallnummer ist die 911. Falls Sie Ihr Handy mitnehmen wollen, vergewissern Sie sich über die Netzkompatibilität. Dieses können Sie beim Hersteller erfragen. Sie können nicht überall Handys benutzen. Manche Orte sind noch nicht an das Netz angeschlossen. Vereinzelt gibt es Funksysteme über verschiedene Kanäle.

Die **Hauptwirtschaftszweige** des Landes sind die Forstwirtschaft, vor allem in British Columbia, die allerdings auch Artenvernichtung und Erosion fördert, Agrarwirtschaft - Weizenexport ist ein wesentlicher Bestandteil der Deviseneinnahmen - Fischfang, Pelzhandel, produzierendes Gewerbe im Bereich der Energiewirtschaft, Wasserversorgung, Erdöl und Erdgasförderung, Bergbau (Kali, Nickel,

Kupfer, Gold, Eisen, Kohle), Baugewerbe, Automobilzulieferer, immer stärker werdender Tourismus, etc. Zu den wichtigsten Exportprodukten gehören Bergbauerzeugnisse, Weizen, Fisch und Papiererzeugnisse. Äußerst wichtige Einfuhrprodukte sind unter anderem Maschinenbauerzeugnisse und Fahrzeuge sowie Eisen und Stahl.

In diesem großen Land gibt es arktische Tiere wie Polarfuchs, Schneehasen, Eisbären und Robben. Weiter südlich kommen Bisons, Moschusochsen, Schwarz- und Braunbären, Grizzlies, Vielfraß, Koyoten, Luchse, Waschbären und Wölfe vor. Wale der verschiedensten Spezies kommen an beiden Küsten vor , sowie an der Pazifikküste die verschiedenen Lachsarten (das Überwechseln vom Salzwasser ins Süßwasser bewirkt die Farbveränderung zum bekannten Lachsrosa hin) wie Pink Salmon, Dog Salmon, Chinook Salmon, Sockeye Salmon und Silver Salmon. Otter, Weißkopfseeadler und Biber sind hier auch beheimatet. Kanada hat eine unglaubliche Artenvielfalt an Tieren dem Beobachter zu bieten und man sollte auch selbst seinen Beitrag dazu leisten, dass es auch in der Zukunft so bleibt.

Der Westen des Landes ist sowohl geschichtlich als auch geologisch der jüngste Teil Kanadas. Die Rocky Mountains erhoben sich erst vor ca. 30 Mio. von Jahren aus den Sedimentschichten der urzeitlichen Meere. Die Bergzüge der Kordilleren falteten sich durch die Kontinentalverschiebungen auf, bevor die Ahnen der heutigen noch lebenden Indianer von Richtung der Behringstraße den Kontinent besiedelten. An der Küste dominieren die Coast Mountains und im Norden die Mackenzie-Berge. Im Osten des Landes erheben sich die Torgat Mountains, die Appalachen und die Laurentians.

Die **Öffnungszeiten der Geschäfte** liegen hauptsächlich in der Zeit zwischen 9.00 - 18.00, aber vielerorts auch länger, bevorzugt zum Wochenende hin. Sonntags sind ebenfalls oft geöffnete Geschäfte vorzufinden, vor allem in städtischen Gebieten. Die Banken haben meistens von 9.00 - 15.00 geöffnet, manchmal auch vormittags an Samstagen.

Kanada verfügt über ein **110 Volt / 60 Hz. Wechselstromnetz**. Entweder lassen Sie sich einen **Umwandler** setzen, der fast überall erhältlich ist und bringen Ihre Haushalts-Elektrogeräte von zu Hause mit (die Qualität bei Haushaltsgeräten ist bei uns weitaus besser), oder aber Sie können auch entsprechende **Adapter** benutzen (sollte man schon in Deutschland in entsprechender Anzahl kaufen, da sie in Kanada meist nur schwer erhältlich sind). Auch unsere Öko-Waschmaschinen scheinen nicht gerade verträglich mit dem kanadischen Waschpulver. Auch Elektroherde muten uns Deutsche doch etwas zu abenteuerlich an. Allerdings können Sie natürlich in Kanada deutsche Elektrogeräte kaufen, doch sind sie überwiegend recht teuer und zumeist nicht von gewohnter Qualität. Ich rate Ihnen daher, falls Sie sich entschließen sollten Ihren Hausrat mitzunehmen, die elektrischen Geräte noch einmal generalüberholen zu lassen und diese miteinzuführen. Auch bei guten Werkzeugen kann dies wichtig sein.

Strom und Wasser sind bei uns erheblich teurer als in Kanada. Daher wird man nicht gerade zum umweltgerechten Umgang damit erzogen. Mit **TV-Programmen** wird man regelrecht überschüttet und auch die Internetanbieter sind zahlreich vertreten. Kanada hat schon vor Jahren auf **metrische Maße** umgestellt, aber überall werden Ihnen andere Maße begegnen. Diese stelle ich Ihnen in einem gesonderten Kapitel vor. Ich jedenfalls hatte große Schwierigkeiten gerade bei pound, weil ein Pfund für mich halt 500g waren und nicht 453,59g! Aber man kann sich an alles gewöhnen.

Bei eventuell vorherigen Besuchen in Kanada rate ich Ihnen dringend, eine **Reisekrankenversicherung,** unter Umständen sogar auch eine Unfallversicherung abzuschließen, da Krankenhausaufenthalte in Kanada zwar medizinisch sehr gut aber auch sehr teuer sind. Die medizinische Versorgung, Erreichbarkeit und Ausstattung der Krankenhäuser, ist landesweit überaus gut und flächendeckend. Das System ist etwas anders als bei uns das Haus- und Facharztsystem. Die Ärzte sind meistens in sogenannten Medical Centres oder in den Ambulatorien der Krankenhäuser erreichbar. Dieses ist aber bezirklich eingegrenzt. **Zahnersatz** müssen Sie in jedem Fall persönlich finanzieren, größtenteils auch die benötigten Medikamente. Gehen Sie noch in Deutschland zum Zahnarzt und lassen Sie Ihre Zähne hier in Ordnung bringen, wenn auch der vielleicht notwendige Zahnersatz bei uns leider auch recht teuer geworden ist - in Kanada bekommen Sie keinen Pfennig Zuschuß! Zum Teil werden auch noch nicht einmal die Behandlungskosten übernommen, es sei denn, es ist ein zahnmedizinisch notwendiger Eingriff. Natürlich gibt es in Kanada auch

Zusatzversicherungen, die man abschließen kann. Medikamente, die man ständig benötigt, kann man auch von seinem Heimatland in ausreichender Menge mitbringen. 1994 wurden vom kanadischen Staat statistisch gesehen $1700 pro Kopf für die medizinische Versorgung aufgewendet. Damit liegt Kanada weltweit an zweiter Stelle.

Für **Alkohol** gibt es landesweit gewisse Restriktionen. Alkoholika mit höherem Alkoholgehalt etwa können Sie nur in lizenzierten Restaurants genießen und für den Kauf von Alkoholika müssen Sie in einen Liquor Store gehen. Der Erwerb von Alkoholika ist erst nach Volljährigkeit gestattet - je nach Provinz mit 18 oder 19 Jahren. Man kann zwar mit 16 Jahren ein Auto fahren, aber kein Bier kaufen. Darüber lässt sich wohl streiten. Magenbitter aus Kräuteressenzen fällt zumeist nicht unter diese Regelungen. Kanadisches Bier ist besser als amerikanisches, reicht aber an unsere Qualität und den Geschmack meiner Meinung nach nicht heran. Aber das sei Ihrem Geschmack überlassen! Whiskey und wohlschmeckender Canadian Malt Whiskey finden auch ihre Liebhaber.

Bei der Volkszählung in 1996 stellte sich heraus, dass die statistische Familiengröße 3,1 Personen beinhaltet, sowie 1,3 Kinder aufweist. Die vereinten Nationen verliehen Kanada den ersten Platz aller Länder unter der Kategorie „Index menschlicher Entwicklung“. Auch bei der Lebensqualität seiner Bewohner nimmt Kanada einen führenden Rang ein. Die vereinten Nationen veliehen das siebte Mal in Folge Kanada die Auszeichnung als „Land mit der höchsten Lebensqualität“. Die durchschnittliche Lebenserwartung der Frauen liegt in Kanada bei 81,2 Jahren, die der Männer bei 74,9 Jahren.

Geschichtlicher Überblick

um 35.000 v. Chr.	paläoindianische Jäger wandern nach Nordamerika über die Behringstraße ein
um 10.000 v. Chr.	Na-Dene-sprachige Immigrationswelle
	Vorfahren der Aleuten und Inuit wanderten ein vor dem Versinken der Landbrücke Beringia
1497 n. Chr.	Im Auftrag der Briten segelt John Cabot (Giovanni Caboto) als erster Europäer d. Neuzeit nach Nordamerika und erreicht ca. 500 J. später als die Wikinger Neufundland
1534/1535/1536	Der Franzose Jaques Cartier entdeckt den St. - Lawrence-Strom und verwendet den Namen Kanada. Im 17. Jh. beginnen die Franzosen mit der dortigen Kolonisation
1629	die Kirke Brothers, schottische Freibeuter zerstörten Québec (wurde von Champlain gegründet)
1670	Londoner Kaufleute gründen unter Führung von Prinz Rupert von der Pfalz die Hudson's Bay Company, die mit den Ureinwohnern einen regen Pelzhandel betreibt und vom englischen König alle Ländereien westlich der Hudson Bay erhält
1763	Im Siebenjährigen Krieg verliert Frankreich seine Ländereien in der Neuen Welt. Québec wird daraufhin britische Kronkolonie. In den folgenden Jahren wird der Westen durch die Pelzhändler erschlossen
1778	Captain Cook und Capt. Vancouver erkunden die Westküste
1779	Northwest Trading Company wird gegründet und

	setzt dem Monopol der Hudson Bay ein Ende
<u>1792/1793</u>	Alexander Mackenzie durchquert als erster den Kontinent in Richtung des Pazifiks
<u>1808</u>	Simon Frazer befährt auf der Suche nach neuen Routen für den Pelzhandel im Auftrag der Northwest Trading Comp. den Frazer River bis zu seiner Mündung in den Pazifik
<u>1858</u>	Goldfund am Fraser River
<u>1862</u>	Goldfund am William Creek
<u>1867</u>	Im British North Act werden die Kolonien Ontario, Québec, Nova Scotia und New Brunswick zum Dominion of Canada erklärt
<u>1869</u>	Hudson's Bay Company verkauft ihr Territorium für 300.000 Pfund
<u>1870</u>	entsteht aus dem Gebiet der Hudson Bay Comp. Manitoba
<u>1871</u>	British Columbia tritt der Kanad. Föderation bei 11.11.1871 die letzten britischen Truppen verlassen Québec City
<u>1873</u>	schließt sich Prince Edward Island dem Bund an
<u>1885</u>	wird Trans-Canada-Railway von Montréal bis Vancouver fertiggestellt und erster Nationalpark Banff wird gegründet
<u>1898</u>	Klondike Gold Rush im Yukon sowie erster Ölfund in Alberta
<u>1903</u>	Sasketchewan und Alberta werden Bundesstaaten

1931	Kanada wird souveräner Staat im Commonwealth
1949	wird Neufundland nach Volksabstimmung eingegliedert
1962	Fertigstellung des Trans-Canada Highway
1970	Die Ermordung de Politikers Pierre Laporte verstärkt die Spannungen zwischen Anglo- u. Frankokanadiern
1982	erlöschen die letzten Vollmachten des britischen Parlamentes
1994	North American Free Trade Act (NAFTA) tritt in Kraft - eine Handelsgemeinschaft zwischen en USA, Kanada und Mexico, vergleichbar mit der Europäischen Union
1995	Bewohner Québecs entscheiden sich in einem Referendum gegen die Abspaltung
1996	mit der Übergabe Hongkongs an China endet die Einwanderungswelle, die rund 70.000 Chinesen nach Vancouver brachte

Fakten

Staatsform: parlamentarische Demokratie und konstitutionelle Monarchie im Commonwealth of Nations von 1931
Verfassung von 1982

Unabhängigkeit: 01.07.1867 (autonomes Dominion)

Nationalfeiertag: Canada Day 01.07.

Staatsoberhaupt: Königin Elizabeth II.

Generalgouverneurin: Adrienne Clarkson
Vertreterin der Königin, falls diese außer Landes weilt; stimmt dem vom Abgeordnetenhaus und Senat beschlossenen Gesetzen durch den „Royal „Assent" zu, verliest die Thronrede und löst das Parlament vor den Wahlen auf und leitet die Vereidigung des Premiers und des Vorsitzenden Richters am Obersten Gerichtshof, Generalgouverneur/-in hat überwiegend repräsentative, zeremonielle Amtspflichten

politisches System: Unterhaus mit alle 5 Jahre vom Volk gewählten Mitgliedern und Senat, dessen Vertreter durch Gen.gouv. auf Vorschlag des Regierungschefs ernannt werden

Premier: Jean Cretien seit 1993

Parteiensystem: Bundeswahlen alle 5 Jahre, Kommunalwahlen alle 3 Jahre
Wahl 1997: Liberal Party/LP 155 Sitze von 301, konservative Reform Party 60, der Bloc de Québécois/BQ erhielt 44 Sitze, New Democratic Party/NDP 21, Progressive Conservative Party/PCP 20, Sonstige 1
Senat: PCP 50, LP 51, Unabhängige 3
seit 1980 stellt Parti Québécois die Regierung in

	Québec mit Separatisten-Premier Lucien Bouchard bei der Volksabstimmung in 1995 zur Frage der Abspaltung von Québecs von Gesamtkanada auf Begehren der Separatisten entschieden sich 49.7%dagegen, aber auch 48,5% dafür - eine knappe Entscheidung !
Hauptstadt:	Ottawa in Ontario
Bevölkerung:	30.567.962 am 01.07.99, das sind gerade einmal 0,5% der Weltbevölkerung im zweitgrößten Flächenstaat der Erde
Bevölk.wachstum	0,9% in 1999
Flagge:	rotes Ahornblatt auf weißem Grund, seitlich senkrecht rot eingerahmt, Ahornblatt seit 1865
Landessprachen:	offiziell zweisprachig (Englisch und Französisch) sowie Inuktitut
Regierungsbezirke:	10 Provinzen mit eigenen Verfassungen und 3 Territorien, Yukon und Northwest wurden von der Bundesregierung verwaltet, erhalten aber immer mehr Selbstverwaltungsrechte
Wirtschaftsbereiche:	Forstwirtschaft, Elektrizitätsgewinnung durch Wasserkraft, Gewinnung von Bodenschätzen, Agrarwirtschaft und Fischfang, Tourismus, etc. Erdöl- und Erdgasförderung
Besonderheiten:	eine Weltausstellung, Ausrichter zweier Olympischer Spiele
größter Hafen:	Vancouver, BC mit ca. 71 Mio. t Fracht pro Jahr
Einwanderer:	1999 ca. 180.000, geplant in 2000 sind ca. 225.000

Bruttoinlandsprodukt:	$ 976,7 Mrd.
Arbeitslose:	1,1 Mio. (Stand Ende 1999)
Arbeitslosenquote:	6,8%, jedoch unterschiedlich in den jeweiligen Provinzen und in ländlichen Gegenden zum Teil auch deutlich höher, in Ontario niedriger durchschnittliches Wocheneinkommen $ 619,91
Inflationsrate (Jahr):	2,7%
Importe I/00:	$ 100,0 Mrd.
Exporte I/00:	$ 107,0 Mrd.
kan. Leitzinssatz:	7,0 %
US Leitzinssatz:	9,0%

landesweite Feiertage: Neujahr (*New Years Day*) 01.01.

Karfreitag (*Good Friday*)

Ostermontag (*Easter Monday*)

Tag des Sieges *(Victoria Day*) am Montag vor dem 25. Mai

Nationalfeiertag (*Canada Day)* am 01.07.

Tag der Arbeit *(Labour Day*) am ersten Montag im September

Erntedankfest (*Thanksgiving Day*) am zweiten Montag im Oktober

Volkstrauertag (*Remembrance Day*) am 11. November

Christmas Day 25.12

Boxing Day 26.12.

Heiligabend (*Christmas Eve*) ist ein ganz normaler Arbeitstag

provinzielle Feiertage: *Saint-Jean Baptiste* in Québec am 24.06.

Heritage Day in Alberta am ersten Montag im August

BC Day in British Columbia am ersten Montag im August

Civic Holiday in den Northwest Territories ebenfalls am ersten Montag im August

Discovery Day im Yukon am dritten Montag im August

(Feiertage sind oft auf einen Montag gelegt, um etwas mehr Urlaub für die Arbeitnehmer zu erreichen)

Entfernungen: Halifax - Vancouver 5970 km
Whitehose - Vancouver ca. 2.700 km
Québec - Regina 3.157 km
Toronto - Winnipeg 2.085 km

Zeitzonen: *wenn es in Deutschland 18.00 ist*, dann ist es in

Neufundland und Labrador 12.30, (Newfound-
land Time MEZ - 4,5 Std.)

New Brunswick, Novia Scotia, und auf Prince Edward Island 12.00 (Atlantic Time MEZ - 5 Std.)

Ontario, Québec 11.00 (Eastern Time MEZ -6 Std.)

Manitoba, Sasketchewan 10.00 (Central Time MEZ - 7 Std.)

Alberta, westl. North Western Territories 9.00 (Mountain Time MEZ - 8 Std.)

British Columbia und Yukon Territory 8.00 (Pacific Time MEZ - 9 Std.)

GERICHTSBARKEIT UND RECHTSPRECHUNG

Kanada unterscheidet natürlich auch in modernes **Strafrecht und Zivilrecht**. Es wird außerdem noch unterschieden in **Bundes- Provinz- und Territorialrecht**. Das Strafrecht ist mit unserer gewohnten deutschen Rechtsauffassung durchaus gleichwertig. Zum jeweiligen Provinzrecht gehört das Common Law, wobei der vorsitzende Richter anhand von Präzedenzfällen sein Urteil fällt. Nur in Québec gilt der Code Civil, der mit der deutschen Zivilrechtsprechung vergleichbar ist.

Für das Bundesstrafrecht gilt die englische Strafgesetzgebung. Es gibt dabei **3 Instanzen:**

- Provinzgericht (Small Claim Court)
- Bezirksgericht (District oder County Court)
- höhere Gerichtshof (Superior Court).

Der **oberste Gerichtshof** ist der Supreme Court of Canada.

Eigenständige **Arbeitsgerichte** wie bei uns gibt es in Kanada nicht.

Maße/Gewichte

LÄNGENMAßE

1 in (inch)	=	2,54	cm		
1 ft (foot)	=	30,48	cm	=	12 in
1 mi (mile)	=	1,610	km		
1 yd (yard)	=	91,44	cm	=	3 ft
1 mm	=	0.039	in		
1 cm	=	0.033	ft		
1 m	=	1.09	yd	=	3,28 ft
1 km	=	0.62	mi		

GEWICHTE

1	oz (ounce)	=	28,35	g
1	lb (pound)	=	453,59	g
100	g	=	3.527	oz
1	kg	=	2.205	lb

FLÄCHENMAßE

1	sq in, in²	=	6,45	cm²
1	sq ft , ft²	=	9,288	dm²
1	acre	=	0,405	ha
1	sq mi, mi²	=	2,589	km²

1 cm²	=	0.155	in²
1 dm²	=	0.108	ft²
1 km²	=	0.386	mi²

HOHLMAẞE

1 gill	=	0,118	l
1 pt (pint)	=	0,473	l
1 qt (quart)	=	0,946	l
1 Liter	=	8.474	gills

UMRECHNUNGSTABELLE

cubic feet, ft^3	x	6,24	=	imperial gallons
cubic feet, ft^3	x	0,0283	=	cubic metres, m^3
cubic metres, m^3	x	35,31	=	cubic feet, ft^3
cubic miles, mi^3	x	3.379.200	=	acre feet
cubic miles, mi^3	x	4.168.260.100	=	cubic metres, m^3

imperial gallons	x	4,5460	=	litres
american gallon	x	3,7853	=	litres
litres imperial	x	0,2201	=	gallons

miles	x	1,6093	=	in
km	x	0,6214	=	km
ft	x	0,3048	=	miles
m	x	3,2808	=	ft

lb	x	0,4536	=	kg
kg	x	2,2046	=	lbs

acre	x	43.560	=	square feet
ha	x	2,47	=	acres
ha	x	10.000	=	square metres
nautical miles	x	6080,27	=	feet

Oft wird hier noch die Temperatur mit Fahrenheit angegeben. Für diesen Fall rechnen Sie bitte anhand der nachfolgenden Formel die Angaben um:

$$°F = 32° + 1,8 \times °C$$
$$°C = (°F - 32°) \div 1,8$$

Anmerkung zu Besonderheiten in Schrift und Zeichensetzung

- In der englischen Sprache setzt man bei **Zahlen**, statt dem Komma bei uns, einen Punkt und statt dem Punkt ein Komma, z.B.

Deutschland 1.346,47 DM = Kanada 1,346.47 DM.

- Bei dem Schreiben der **Zahl 7** setzt man keinen Mittelstrich, bei der Zahl 1 läßt man das Häkchen weg und schreibt nur einen einfachen senkrechten Strich.

- Auch gibt es ja in der englischen Sprache keine **Umlaute** wie ä, ö, ü, oder ß. Ich rate Ihnen daher, schon in Bewerbungsschreiben die Umlaute in ae, ss, etc. zu trennen (bei e-mails besonders wichtig, da beim Empfänger oft ein unleserliches Kauderwelsch entstehen kann)

- Zeichen wörtlicher Rede, vergleichbar mit unseren **Anführungsstrichen**, werden wie folgt gesetzt : Nicht „Hallo“ , sondern ‘Hello’ schreibt man in der direkten Rede (beide Anführungszeichen oben).

Da viele Worte im Alltagsgebrauch **amerikanisiert** sind, schreibt man häufig beispielsweise *color* statt *colour*, oder auch *neighbor* statt *neighbour*, obwohl es offiziell im kanadischen Sprachgebrauch nicht so sein sollte.

Manchmal unterscheiden sich auch die **Wortbedeutungen:**
Beispielsweise bedeutet *trunk* im Englischen: Baumstamm - in American English aber: Kofferraum. Das Wort *petrol* für Benzin/Treibstoff benutzt man in Kanada nicht, man verwendet stattdessen *gasoline,* abgekürzt einfach *gas.*

Sie sollten sich daher ein gutes kanadisches Wörterbuch zulegen und evtl. schon einmal Ihre Kinder auf die veränderten Schreibweisen oder ihnen noch unbekannte Wortbedeutungen hinweisen.

Dies sollten natürlich nur einige wenige Beispiele sein, um Sie auf gewisse Änderungen ein wenig einzustimmen, damit Sie sich evtl. auch mit dieser Materie befassen können.

Die französische Sprache unterscheidet sich ebenfalls von der in Frankreich gesprochenen ein wenig. In der Aussprache teilweise ebenso wie auch im Schriftbild. Um die französische Sprache vorab zu erlernen, ist daher ein Aufenthalt in Quebéc nicht sonderlich zu empfehlen.

Provinzen

ALBERTA

Hauptstadt: Edmonton
Größe: 661.190 qkm (BRD x 1,8)
2,8 Mio. Einwohner
größte Städte: Edmonton 865.00 Ew.,
Calgary 825.00 Ew.

TravelAlberta
BOX 2500
Edmonton, AB
Canada T5J 2Z4

www.gov.ab.ca
www.discoveralberta.com

Die Provinz, die im Schatten der Rocky Mountains liegt, wurde einstmals nach Prinzessin Louise Caroline Alberta, der Tochter von Königin Victoria benannt.

Der Banff Nationalpark im Südosten Albertas ist Kanadas erster Nationalpark und zugleich ein UNESCO Weltkulturerbe und zeichnet sich durch hoch aufragende Berge, alpine Hänge, fischreiche Seen und eine vielfältige Tierwelt aus. Dieser Park ist einer der eindruckvollsten in ganz Kanada. Klare Bergseen, hochaufragende Berge, tiefe Täler - einfach faszinierend. Um Banff herum ist alles touristisch erschlossen mit allen Vor- und Nachteilen dieses immer stärker werdenden Tourismus. Natürlich stellt er aber auch eine Vielzahl an Arbeitsplätzen für die Bevölkerung bereit, dieses sollte man auch bedenken. Die kanadische Regierung bzw. die Provinzregierung hat in den meisten Parks ohnehin die Besucherzahlen pro Tag begrenzt. Wenn Sie also einen Park besuchen möchten ist es ratsam, sich darüber vorher zu informieren.

Regionen	Städte
Central	Edmonton, Red Deer
Eastern	Grande Prairie
Nord	Fort McMurray
Süd	Calgary, Medicine Hats, Lethbridge

Nationalparks

Banff, Jasper, Wood Buffalo, Elk Island, Waterton Lakes

Im Nordwesten Albertas lebt die letzte existierende Waldbisonherde der Welt im Wood Buffalo National Park, die sich bis in den Yukon verbreitet hat. In Albertas Ödland ist ein weiteres UNESCO Weltkulturerbe, der Dinosaur Provincial Park, der zum **größten Fundgebiet der Erde für Saurierknochen** zählt.

Über Tausende von Jahren lebten hier in Alberta die Northern Plains Indianer (die Frauen der Plains Indianer versahen ihre Stickarbeiten immer wissentlich mit einem Fehler. Sie glaubten, etwas Perfektes zu schaffen hieße, sich mit dem „Holy Spirit“ gleichzusetzen. Diese fehlerhafte Perle heißt deshalb noch heute die „Spirit Bend“). Im Südwesten Albertas kann man sehen, wie die Blackfoot-Indianer Büffelherden über einen Zeitraum von fast 6000 Jahren über eine Felsklippe trieben, um sich auf diese Weise die Jagd zu erleichtern. Über 10 Meter türmen sich hier die Knochen auf und zeugen so von der glanzvollen Vergangenheit der Indianer Nordamerikas.

Edmonton hat mehr Ladenfläche als irgendeine andere Stadt Kanadas, ja man sagt die Edmonton Mall sei das größte Einkaufszentrum der Welt. Innerhalb dieses geradezu gigantischen Einkaufsparadieses finden Sie die verschiedensten Freizeitmöglichkeiten, beispielsweise eine Schlittschuhbahn, ein altes U-Boot (!), etc. Calgary war der Austragungsort der Olympischen Winterspiele in 1988 und besitzt den zweitgrößten Zoo Kanadas. Im Januar finden hier die International Sled Dog Races statt.

In Alberta gibt es ausgedehnte Prärien, ebenso wie in Sasketchewan und Manitoba. Vor allem wird hier in den Prärien Weizen und Getreide angebaut, ein überaus wichtiges Exportprodukt für Kanada. Der höchste Berg ist der Mount Columbia (3747 m) in den Rocky Mountains. Der tiefste Punkt der Provinz liegt im Slave River mit 209m. Die Winter sind hier oft kalt und schneereich, die Sommer im Süden lang und kühl, allerdings oft leider auch sehr trocken.

Die Provinz Alberta ist der Sitz von überaus vielen Erdöl- und Erdgasgesellschaften. Aber auch der Touristikbranche werden Sie hier fast überall begegnen, wie auch der Viehzucht. Steaks, wie aber eigentlich insgesamt kanadisches Fleisch, sind von ausgezeichneter Qualität und wird nicht wie in Europa durchaus üblich, wenn auch verboten, mit irgendwelchen Medikamenten oder Zusätzen geschönt. Durch die Weite des Landes ist hier noch eine weitgehend natürliche Aufzuchtsmöglichkeit der Tiere, vor allem der Rinder, gegeben. Die Arbeitslosenquote beträgt hier zur Zeit 4,7%.

Der so oft photographierte Lake Louise mit seinen dort Anfang des Jahrhunderts entstandenen großen Luxushotels der Canadian Pacific Railway Comp. sind weltberühmt (aber leider auch recht teuer). Solch imposante Hotelanlagen in solch einmaliger Landschaft sind bei uns nicht zu finden und machen das Land auch für wohlhabende Touristen sehr attraktiv. Wenn es Sie in den Westen verschlagen sollte, sollten Sie sich dieses Hotel zumindest einmal anschauen.

Wenn Sie die Romantik des Wilden Westens begeistert, oder Sie ein eingefleischter Cowboy-Fan sind, werden Sie hier Ihre neue Heimat finden können. Calgary ist auch Austragungsort des größten Rodeos, der sehenswerten Calgary Stampede, die hier jährlich im Spätsommer stattfindet und zu der Kanadier aus dem ganzen Land und Urlauber aus aller Welt angereist kommen.

Die **Provinzsteuer/Provincial Sales Tax** entfällt hier, allerdings wird im touristischen Bereich eine Übernachtungssteuer von 5% erhoben.

BRITISH COLUMBIA

Hauptstadt: Victoria
Größe: 947.800 qkm (BRD x 2,6)
3,9 Mio. Einwohner
größte Städte: Vancouver 1,8 Mio Ew.
Victoria 310.000 Ew.

Tourism BC
802-865 Hornby St
Vancouver , BC
Canada V6Z 2G3

www.travel.bc.ca
www.bcparks.gov.bc.ca

British Columbia ist die Heimat von 17% der kanadischen Ureinwohner. Im übrigen wird in Kanada nicht von „Indianern“, sondern von „First Nations“ oder „Native People“ gesprochen. Insgesamt leben hier über 196 Stämme mit über 100.000 Angehörigen, unter anderem Nuu-cha-nulth. Kwakwakal'wakw, Heiltsuk, Cowi-chan, Ojibwa, Nisg'a und Haida vor allem entlang der Küste. Dort kann man auch die einzigartigen berühmten Totempfähle der Haida entdecken (in der Sprache der Ojibwa „Schützender Geist“ oder „Zeichen meiner Familie“) die auf Sachen, Pflanzen, Tiere, etc. verweisen. Diese Totempfähle findet man nur an den nördlich gelegenen Westküsten des nordamerikanischen Kontinents. Man kann sagen, dass **Totempfähle** ein Medium sind, durch das eine Familie aussagt, wer sie ist und welche Ressourcen und Territorien sie beansprucht. Dies ist sicherlich nur eine einfache Erklärung für uns Europäer, doch trifft sie die ursprüngliche Bedeutung meiner Meinung nach recht gut. Die weltweit größte Ansammlung solcher Totempfähle ist auf Anthony Island zu finden. Die jahrhundertealten totem poles auf Queen Charlotte Island, in den Überresten des Dorfes Ninstints, sind als Weltkulturerbe von der UNESCO ausgezeichnet worden. Empfehlenswert ist es auch, die typischen Gerichte der First Nations wie z. B. Eierschmalz, Bannock-Brot oder Nußcreme zu probieren.

Eine überlieferte Haida-Legende erzählt: Als einst eine große Flut die Erde bedeckte, lag Queen Charlotte Island trocken. Ein Rabe wanderte am Strand entlang, auf der Suche nach etwas Ablenkung. Er fand eine gigantische Muschel im Sand. Als er sich ihr näherte, sah er, dass sich kleine Kreaturen darin verbargen. Er neigte seinen Kopf und forderte sie auf herauszukommen, und so führte er sie ans Licht der Erde. Diese Kreaturen waren Haida, die ersten Menschen auf dieser Erde. Der Rabe hat in B.C. und vor allem im Yukon eine geradezu mythische Bedeutung. In den verschiedensten Monaten des Jahres kann man in British Columbia an zahlreichen Pow Wow's teilnehmen, zu denen die unterschiedlichsten Indianerstämme einladen.

Regionen	**Städte**
BC Rockies	Cranbrook
Cariboo / Chilcoot	Williams Lake
Kootenay	Castlegar

Northern BC	Prince George, Prince Rupert, Fort St. John
Peace River	Dawson Creek
Südwest	Chilliwack
Thompson-Okanagan	Kamloops, Kelowna, Penticton
Vancouver, Coast & Mountains	Vancouver, Victoria, Nanaimo, Port Hardy

National Parks

u.a Glacier, Kootenay, Mt. Revelstoke, Yoho

Zur Zeit müssen sich die Gerichte Kanadas mit Rechtsansprüchen verschiedener indianischer Stämme beschäftigen, welche sowohl Schadensersatzforderungen an die Bundes- als auch an die Provinzregierungen beinhalten. Beispielsweise wird die gesamte Fläche British Columbias als Stammesland gefordert, für dessen Nutzung von der Regierung eine Entschädigung verlangt wird. Das zuständige Ministerium geht von über 10 Mrd. Dollar Schadensersatzzahlungen aus. Doch es wird auch weitreichende Auswirkungen auf die verschiedensten Forstwirtschaftsunternehmen haben.

Die faszinierenden Inseln vor der Westküste sind in den Sommermonaten alle paar Stunden durch regen Fährverkehr zu erreichen. An der Westküste ziehen im Frühjahr ca. 21.000 Grauwale auf ihrer 16.000km langen Reise von Kalifornien nach Alaska hier vorbei. Dieses Schauspiel kann man mit etwas Glück sogar vom Ufer aus verfolgen. Im Sinne des Tierschutzes sollte man die Tiere allerdings nicht aus direkter Nähe beobachten. Man hat festgestellt, dass dieses nahe Beobachten Verhaltensstörungen bei den Tieren zum Vorschein bringen kann. Allerdings nehmen leider die touristischen Walbeobachtungsbetriebe auf die Tiere keine Rücksicht - auch hier zählt manchmal zu oft nur der Profit. Hier auf einer der Inseln fand die erste Begegnung der Ureinwohner mit Europäern statt. Leonardo da Vinci wählte zudem Victoria für seinen einzigen Besuch in Nordamerika - außer Boston. British Columbia erhielt 1858 von Queen Victoria seinen Namen.

Auf dem Festland findet man noch alte verlassene Städte aus der glorreichen Goldgräberzeit British Columbias, wie beispielsweise das

Städtchen Barkerville. Der mächtige Fraser-River zieht sich durch die Provinz und hinterläßt viele fruchtbare Täler. Man kann hier die Lachse beobachten, wie sie sich jedes Jahr Flussaufwärts zu Ihren Laichgründen begeben und dazu manchmal sogar Stromschnellen entgegen der Flussrichtung erklimmen - ein wirklich lohnenswertes Naturschauspiel, das man sich ansehen sollte.

British Columbia ist meiner Ansicht nach eine der vielfältigsten aller Provinzen: Küste und Strände, weite Prärien und unzählige Seen (der Atlin-Lake im Nordwesten ist der größte natürliche See in British Columbia), viktorianischer Charme in der Provinzhauptstadt, teilweise noch unerschlossen (vor allem im Norden), wundervolles alpines Gelände mit den Coast Mountains und den Rockies, zahlreiche Gletscher, ausgedehnte Regenwälder an den Küsten, urwaldähnlich auf Vancouver Island, etc. Allerdings gibt es auch gerade an den Küsten, vor allem in der Nähe zu den USA öfters kleine **Erdbeben** ! Auch im Yukon (Südwesten) und in Alberta (Rockies) gibt es hin und wieder welche von unterschiedlicher Stärke. Manchmal wackelt nur das Geschirr in den Schränken, manchmal treten sogar Beschädigungen an den Häusern auf. Das letzte große Erdbeben war in 1949, ein sehr starkes mit über Stärke 8 auf der nach oben offenen Richter-Skala gab es im Jahre 1700. Über das Datum des Auftretens aller gemessenen Beben, die Stärke und ihre Lokalisationen kann man sich im Internet unter ***www.yukonweb.com/*** bei Government Services informieren. Diese Angaben werden Sie natürlich in keinem Reiseführer vorfinden.

1942 wurde während des Krieges mit dem Bau des Alaska Highway begonnen und in nur 8 Monaten und 23 Tagen 2455 km Straße fertiggestellt. In Tumble Ridge gibt es die größte computergesteuerte Kohlenmine mit 3,5 Mio. t Kohlenförderung pro Jahr. Fort St. John ist die älteste Siedlung in B.C., welche nicht von Ureinwohnern gegründet wurde. Auch gibt es im südlichen British Columbia mehrere Thermalquellen, das Okanagan-Valley ist ein hervorragendes Weinanbaugebiet und vor allem im Süden wird es durch Ströme von Touristen geprägt, überwiegend in den Sommermonaten. Doch auch im Großraum Whistler finden sich immer mehr Wintersport-Touristen ein.

In BC können Sie auch mehr BIO-Produkte erwerben als irgendwo anders im Land. In Vancouver, sowie auch in Toronto liegen Krankheiten wie Krebs, Herz- und Kreislaufbeschwerden unter dem Durchschnitt im Vergleich zu anderen Regionen Kanadas.

Seit Januar diesen Jahres gilt in British Columbia ein provinzweites Rauchverbot für alle öffentlichen Gebäude. Ein Wirt, der seine Gäste rauchen läßt, muss mit empfindlichen Geldstrafen rechnen.Man wird sehen, ob sich die Restaurant- und Gaststättenbesitzer daran halten, oder aber ob man nicht aus Angst vor Umsatzverlusten zumindest bei den Touristen das Laster wenigstens duldet. Aschenbecher werden Sie aber nicht mehr auf dem Tisch vorfinden, da müssen Sie erst nachfragen.

Das Klima British Columbias ist durch die Dimension der Provinz sowie seine geographischen Gegebenheiten sehr unterschiedlich. Von der äußersten fjordreichen Westküste über die gletschergekrönten Coast Mountains mit ausgedehnten Regenwäldern, dahinter in ihrem Regenschatten wald- und seenreiche Hochplateaus bis zu den Rocky Mountains ist die Landschaft sehr abwechslungsreich. Mehr als 75% der Provinz liegen höher als 930m. Die höchste Erhebung ist der Mt. Fairweather mit 4663m. An der Pazifikküste herrscht feuchtes, mildes Meeresklima vor, im Binnenland Kontinentalklima mit zum Teil sehr warmen und trockenen Sommern. Im Okanagan-Tal wird wegen des sonnigen und trockenen Klimas Obst angebaut und um Kelowna und Kamloops gibt es äußerst fruchtbare Täler, die der Agrarwirtschaft und der Viehzucht dienen.

Die **Provinzsteuer/Provincial Sales Tax** beträgt 10%.

MANITOBA

Hauptstadt: Winnipeg
Größe: 649.950 qkm (BRD x 1,8)
1,2 Mio. Einwohner
große Städte: Winnipeg 700.00 Ew., Brandon 41.000 Ew.

Travel Manitoba
155 Carlton St.
Winnipeg, MAN
Canada R3C 3H8

www.travelmanitoba.com

In der Provinzhauptstadt Manitobas, Winnipeg, gibt es einen ganz besonderen Stadtteil, St. Boniface, den Stadtteil mit der größten Gruppe von franko-kanadischen Einwohnern im Westen Kanadas. Französische Traditionen werden hier sorgfältig gepflegt. Im Nordosten Manitobas kann man in Churchill vor allem im Frühherbst von Ende September bis Anfang Oktober Eisbären bei der Robbenjagd beobachten.

Hier leben noch heute die Stämme der Anishinabe, die Swampy Cree, die Assiniboine, die Dakota-Ojibwa und andere Ureinwohner. Eine alte Legende der White Horse Plains Indianer erzählt uns von einer wunderschönen Frau der Assiniboine und ihrem Bräutigam vom Stamm der Cree, die von einem verschmähten Verehrer vom Stamm der Sioux, verfolgt wurden. Es wird erzählt, dass der Geist der jungen Frau in einem seltenen weißen Pferd weiterlebt, das ihr als Hochzeitsgeschenk gegeben wurde, und dass seither ein galoppierendes Pferd mit fliegender Mähne in der Prärie umherspukt. Heute steht eine Statue des Pferdes am Trans-Canada-Highway bei Winnipeg. In Manitoba fanden auch im Februar diesen Jahres die Weltmeisterschaftsläufe für Hundeschlitten statt. Sie sollten nicht versäumen, sich solch ein Schauspiel einmal anzusehen.

Das Klima in Manitoba hält heiße und oftmals trockene Sommer sowie kalte, sonnige Winter für seine Bewohner bereit. Es gibt unzählige Flüsse, Seen und Sümpfe. Die überwiegende Landschaft Manitobas ist ländlich geprägt. Die Wirtschaftszweige und damit auch die Arbeitsplätze sind hauptsächlich in der Landwirtschaft, Forstwirtschaft, Bergbau sowie auch in der Stromgewinnung durch Wasserkraft und in der herstellenden Industrie vorzufinden. In der Gegend von Winnipeg sind auch sehr viele touristische Betriebe, die die verschiedensten Arbeitsmöglichkeiten anbieten. Die Arbeitslosenquote liegt allerdings hier höher als im Bundesdurchschnitt.

Die Provinzregierung von Manitoba hält auch immer wieder bestimmte, aber zeitlich begrenzte, **Sonderprogramme für Einwanderer und Investoren** bereit. Lassen Sie sich bei Interesse von der Investitionsabteilung der kanadischen Botschaft beraten.

Regionen	**Städte**
Central	Selkirk
North	Churchill
East	Bisett, Beausejour
West	Portage
South	Winnipeg, Brandon

National Parks

Riding Mountain, Wapusk

Im Wapusk (in der Sprache der Cree „Weißer Bär“) National Park in der Nähe von Churchill lebt die größte, bekannte Eisbärpopulation der Welt.

Im Norden dominiert der kanadische Schild mit seinen Seen und endlosen Wäldern, im Süden der Provinz fegt auch heute noch der Wind durch die ausgedehnten Grassteppen, die Prairies, die einem oft so endlos erscheinen, als ob sie bis zum Horizont reichen würden. Dazu kommen riesige Weizenfelder, eine der wichtigsten Getreidesorten für den kanadischen Export (dadurch hohe Deviseneinnahmen) und große Rinderherden auf den saftiggrünen Wiesen. Manitobas Arbeitslosenquote liegt derzeit bei 4,6%.

Die **Provinzsteuer** entfällt.

NEW BRUNSWICK

Hauptstadt: Fredericton
Größe: 73.440 qkm
765.00 Einw.
große Städte: Fredericton 80.000 Ew , Saint John

New Brunswick Tourism
BOX 123 45
Fredericton, NB
Canada E3B 5C3

www.tourismnbcanada.com

Hier im reizvollen New Brunswick, der Name geht zurück auf das deutsche Fürstentum Braunschweig-Lüneburg, über das König Georg Ende des 18. Jahrhunderts herrschte, sprechen etwa 30% der Bevölkerung französisch und auch die Landschaften scheinen irgendwie Frankreich entsprungen zu sein. Saint John war die erste Stadtgründung in Kanada. In New Brunswick gibt es eine einmalige maritime Sehenswürdigkeit : Zweimal täglich fließt dort der St. John River rückwärts, wenn sich die Flut mit ihrer ungeheuren Macht in seine Mündung drängt. In der „Bay of Fundy“ findet der höchste Tidenhub der

Erde mit hundert Milliarden Tonnen Seewasser statt, mit einem Unterschied zwischen Ebbe und Flut von fast 20 Metern. Bei Ebbe sind vom Wasser blankgespülte hohe Felsformationen zu sehen, bei Flut erscheinen sie wie kleine Inselchen. Es lohnt wirklich, sich dieses Naturschauspiel einmal anzusehen.

Regionen	**Städte**
St. John River Valley	Fredericton
South East	Moncton
Acadian Coast	Bathurst
Uplands	Campbellton
Fundy Coast	St. John
Eastern	St. Léonard

National Parks

Fundy, Kouchibouguac

In New Brunswick leben noch die Nachfahren der Maliseet Tobique First Nation sowie die Mi'kmaq, die auch gerne bereit sind ihre Kultur und ihre Erzählungen an uns weiterzugeben, wenn wir uns darauf einlassen. Soviel könnten wir von ihnen erfahren oder übernehmen über das Leben von und mit der Natur, wenn wir nur wollten. Die Herkunft der Mi'kmaq wird in einer alten Legende erzählt: Der Schöpfergott Gisoolg erschuf als ersten Menschen Glooscap, danach seine Mutter Nukumi, die Glooscap auf seinem Lebensweg anleiten und ihn Respekt vor der Natur, den Geschöpfen und der Familie lehren sollte. Dies war der Schlüssel für ihr Überleben. So wurde Glooscap der Lehrer der Mi'kmaq, die die Achtung für alles Lebendige seither von Generation zu Generation weitergegeben haben und von denen wir sicherlich noch einiges lernen könnten in unser heutigen ach so zivilisierten Welt, wie wir sie uns erschaffen haben und die leider so oft zu viele Fehler aufweist (obwohl auch ich ungern auf alle Annehmlichkeiten und Errungenschaften des modernen Lebens verzichten würde).

New Brunswick ist fast bis zu 85% dicht bewaldet und besitzt ein feuchtes Kontinentalklima, außer im Küstengebiet, wo maritime klimatische Verhältnisse vorherrschen. Die höchste Erhebung der Provinz ist der Mount Pleasant mit 400m. Vor allem der Fischfang, die Holz- und Landwirtschaft sind vorrangige Wirtschaftszweige, aber auch hier blüht der Tourismus und wird immer beliebter. Die Arbeitslosenquote ist in New Brunswick weit höher (10,2%) als im Bundesdurchschnitt, wohl auch durch die überwiegend saisonalen Arbeitsmöglichkeiten bedingt. Für Unternehmer gibt es hier eine ganz hervorragende digitale Telekommunikations-Infrastruktur.

Sollten Schätzungen der „Geological Survey of Canada" mit ihrer Prognose richtig liegen, lagern vor dem Festlandschelf der Ostküste Kanadas weit mehr Rohstoffreserven als im Westen Kanadas. Das würde natürlich Tausende von Arbeitsplätzen in der Atlantikregion mit sich bringen.

Die **Akadier**, ehemals die ersten französischen Einwanderer, haben sich ebenfalls hier nach der Massenvertreibung in 1720 aus Novia Scotia durch die Briten an der Ostküste angesiedelt.

Ganz interessant zu wissen ist, dass die kanadische Bundesregierung in Ottawa für $550 Mio. kommerzielle Hummer-Fanglizenzen den rechtlichen Eigentümern abgekauft hat, um diese an die Fischer der Mi'kmaq-Indianer der Region zu verteilen. Im September 1999 hatte der oberste Gerichtshof des Landes entschieden, dass den Ureinwohnern Kanadas - aufgrund eines Abkommens mit den Briten aus dem Jahre 1760 – die Rechte zum Angeln und Jagen überall zustehen, saisonunabhängig (die Ureinwohner gehen auch naturverträglicher mit den Ressourcen um). Dies führte natürlich unweigerlich zu Spannungen mit den anderen nichtindianischen Fischern und es kam zu handgreiflichen Protestaktionen, wobei Tausende indianischer Hummerfallen zerstört und im Gegenzug Pickup-Trucks angezündet wurden. Nach diesen Vorfällen und aus Furcht vor einer noch weitaus größeren Eskalation verhängte der zuständige Fischereiminister von New Brunswick, Herb Dhaliwal, Fangquoten für die Indianer, denen diese dann auch nach zähen Verhandlungen zustimmten.

Die **GST/Harmonized Sales Tax (GST + PST)** beträgt hier 15%.

NEWFOUNDLAND und LABRADOR

Hauptstadt: St. John's
Größe: 404.720 qkm
570.000 Einwohner
große Stadt: St. John's 175.000

Tourism N.F.&Labrador
P.O. BOX 8700
St. John's, NF
Canada, A1B AJ6

www.public.gov.nf.ca/tourism

Die Hauptstadt Newfoundlands und Labradors liegt am östlichsten Zipfel Kanadas und entstand aus einer im Jahr 1528 gegründeten Siedlung europäischer Fischer. Unweit ihres Hafens liegt Signal Hill, auf diesem empfing Guglielmo Marconi 1901 das erste transatlantische Radiosignal. St. John's ist auch die Stadt, die dem Wrack der Titanic am nächsten liegt. Newfoundlands höchster Punkt ist Lewis Hill mit 814m. Der östlichste Punkt Kanadas ist Cape Spear. Dort sind Sie Europa (Irland) näher, als z. B. Manitoba! Man erreicht es auch in nur wenigen Flugstunden von Europa aus.

Regionen	Städte
West	Labrador City
Central	Churchill Falls, Goose Bay
Ost	Blandford
Avalon	St. John's, Trepassey
North Labrador	Hebron. Davis Inlet

National Parks

Gros Morne, Terra Nova

1960 entdeckten norwegische Forscher im Norden Newfoundlands die einzigartigen Überreste einer Wikinger-Siedlung namens L'Anse aux Meadows, deren Alter auf rund 1000 Jahre zurück datiert wird. Es ist Nordamerikas **erste Europäersiedlung** und belegt, dass die Skandinavier in der neuen Welt waren, lange bevor Kolumbus seine Entdeckeransprüche geltend machte.

An den Küsten Labradors leben die Innu und Inuvit größtenteils noch nach ihren alten überlieferten Traditionen vom Fischfang und der Jagd, sowie vom Herstellen und Verkauf Ihrer eindrucksvollen kunsthandwerklichen Arbeiten. In zwei von drei Nächten können Sie in Labrador die geheimnisvollen (obwohl wir natürlich die wissenschaftliche Erklärung dafür kennen), sagenumwobenen Polarlichter sehen. Daher verwundert es nicht, wenn sie in vielen Geschichten der Ureinwohner vorkommen. Eine dieser Legenden besagt, die Lichter seien die Seelen der verstorbenen Ahnen, die über den Schnee laufen. Eine andere besagt, die Lichter seien Himmelsmenschen beim Ballspiel.

In Labrador gibt es die größte Herde von Ödland-Karibus und wohl die größten Vogelbestände Kanadas. Sogar Eisbären gibt es hier. Newfoundland und Labrador sind stark bewaldet und die Küsten sind stark zerklüftet mit vielen Fjorden und Buchten. Eiszeitgletscher haben hier ihre Spuren in Form vieler Flüsse und Seen hinterlassen. Im Norden finden Sie die Torngat Mountains. Labrador hat ein subarktisches Klima und ist bis zu sechs Monate im Jahr mit Schnee gesegnet. Newfoundland hat durch die Nähe zum Ozean ein gemildertes Klima mit eher kühlen Sommern und relativ vielen Niederschlägen. Schon fast legendär ist das jährlich stattfindende Labrador-Rennen mit 400 Hundeschlitten.

Goose Bay war während der Zeit des kalten Krieges eine der wichtigsten **kanadischen Standorte für US-Atomwaffen**, wie erstmals freigegebene Geheimdokumente belegen. Selbst die damalige Presse war darüber (natürlich nicht) nicht informiert worden. Auch war es dem Parlament nicht bekannt, nur ausgewählten Kabinettskreisen.

Die Arbeitslosenquote, sie liegt immerhin bei 16,1%, ist hier sehr hoch trotz Bergbau, Fischerei, der Holzwirtschaft und dem sich auch hier verbreitenden Tourismus. Allerdings konnte die Provinz in den letzen Jahren durch den Rohölbereich einen großen Fortschritt verzeichnen. Labrador hat eine herbe Schönheit und ist noch nicht so überlaufen von Touristen, was natürlich aus gewerblicher Sicht auch seine Nachteile hat.

Die **GST/Harmonized Sales Tax** beträgt 15%.

NORTHWEST TERRITORIES

Hauptstadt: Yellowknife
Größe: 1,5 qkm (BRD x 4,2)
41.000 Einwohner
größte Stadt: Yellowknife 17.000 Ew.

NWT Arctic Tourism
Suite 400
Yellowknife, NWT
Canada X1A 2N5

www.nwttravel.nt.ca

Die Northwest Territories bilden ein Sechstel der gesamten kanadischen Landmasse. Fast die Hälfte der Einwohner leben in der Hauptstadt Yellowknife, die das Tor zu weiteren Erkundungen des Nordens ist und ebenfalls die höchsten Einwohnerzahlen aufzuweisen hat, da es auch hier natürlich die meisten ständigen Arbeitsplätze gibt. Inuvik ist mit seinen rund 3.200 Einwohnern die größte kanadische urbane Siedlung nördlich des Polarkreises.

Bis zu 24 Stunden Tageslicht im Sommer und ewige Nacht im Winter erwarten Sie hier. Zu den arktischen Nächten gehört das in unterschiedlichsten Farbtönen erscheinende Nordlicht, welches Ihnen ein grandioses Naturschauspiel in den Wintermonaten bietet.

Zahllose Seen, beispielsweise der Great Bear Lake und der Great Slave Lake (Sie können wahrhaftig von der einen Seite des Ufers nicht bis zur nächsten Uferseite schauen) als die größten und unzählige ungezähmte Flüsse, subarktische Wälder, Gebirgstäler und eine farbenfrohe Tundra gehören zum Landschaftsbild der Northwest Territories. Berühmt ist auch der Mackenzie, der Kanuten wirklich alles abverlangt. Eindrucksvoll sind auch der La Ronciere-Wasserfall und die 124m hohen Virginia-Wasserfälle. Jährlich im Hochsommer kann man die Wanderung der unzähligen Karibus beobachten. Jedes Frühjahr verwandeln sich die N.W.T. in einen Brutplatz für Millionen von Vögeln aus mehreren Kontinenten.

In den Northwest Territories gibt es noch zwei Bisonherden mit einer Population von etwas über 2000 Tieren, die Nahanni Herd im Osten und die Mackenzie Herd bei Fort Providence, welche durch Rück- und Neuzüchtungen, sowie Impfungen mittlerweile tuberkulose- und brucellosefrei sind. Die gesunden Herden werden durch eine 1987 geschaffene Bison Control Area von den südlichen ferngehalten.

Regionen	Städte
Arctic Region	Inuvik
Big River/Mackenzie Mtns.	Wrigley, Fort Franklin
Southern	Hay River, Fort Providence
Central	Yellowknife

National Park

Wood Buffalo National Park

Seit 01.04.1999 wurde der östliche Teil der Territories zur eigenständigen Provinz Nunavut und von dem Rest des Territories gebietsmäßig und verwaltungsmäßig abgegrenzt.

Die Arbeitslosenquote ist in den N.W.T. sehr hoch. Die Hauptwirtschaftszweige bestehen vor allem aus dem Rohstoffabbau, der Fischerei und der Handwerkskunst der Native People, der Forstwirtschaft und der traditionellen Fallenstellerei, der Erdgas- und Ölförderung sowie dem sich auch hier verbreitenden Tourismus, der sich aber zumindest weiter im Norden mehr auf Unterkunft und Outfitter als auf Hotels und luxuriöse Resorts beschränkt, zumal viele Anglerresorts reine Fly-in-Lodges sind.

Südlich der Baumgrenze beschert das Klima den Bewohnern häufig recht warme Temperaturen, nördlich aber wird es arktisch und im Winter extrem kalt. Allerdings können Ihnen gerade in den Sommermonaten in Wassernähe oder im Wald die Mosquitos hier im Norden das Leben zur Hölle machen. Für diesen Fall gibt es überall Insektenabwehrspray oder Mückenschutzkleidung (bug-shirts) zu kaufen, die auch ihren Zweck erfüllen und wirklich als äußerst empfehlenswert anzusehen sind. Ebenso sind das arktische Klima und die rauhe Natur nicht für alle Menschen gemacht, viele sind daran schon gescheitert. Aber zwei Drittel des Jahres Winter sind eben auch nicht jedermanns Sache, obwohl der relativ kurze arktische Sommer dem Betrachter einiges zu bieten hat.

Die Dené, Métis und die Inuvialuit stellen etwa die Hälfte der Bevölkerung. Die Inuvialuit kehren jedes Jahr in ihre Sommerlager am

Meer zurück. Aber es gibt auch unter anderem noch die Chipewyan und Cree. Hierzu gibt es auch eine schon sehr alte überlieferte Legende: Vor sehr langer Zeit nahm eine junge Frau des Yellowknifestammes einen wunderschönen Jüngling zum Mann. In der Hochzeitsnacht erwachte sie durch das Bellen eines Hundes und ihr Mann war verschwunden. Später gebar die Frau sechs Welpen. Sie liebte diese zwar, aber schämte sich auch gleichzeitig für Ihre Nachkommenschaft und versteckte sie daher in einem Sack. Eines Tages aber sprangen die Welpen aus dem Sack und verwandelten sich in drei hübsche Jungen und drei hübsche Mädchen, die , als sie dann später selbst erwachsen waren, viele Kinder bekamen. So erhielten die Nachfahren vom Stamme der „Dogrib" ihren Namen.

Die Lebensmittel sind vor allem im hohen Norden in den Wintermonaten recht teuer, ein Liter Milch kann dann bis zu $7 kosten. Wenn der Mackenzie River im Frühjahr nicht mehr so fest gefroren und somit die Überfahrt gefährdet ist, oder im Herbst gerade einfriert und der Fährverkehr den Betrieb einstellt, müssen alle Waren eingeflogen werden (aber mit dem Auto kann man, wenn das Eis fest genug ist, einfach darüberfahren; über die jeweilige Belastbarkeit des Eises kann man sich auch im Internet im Straßenzustandsbericht täglich informieren). Das führt natürlich zu einer Verteuerung des verfügbaren Warenangebotes.

Ebenfalls gibt es gerade im Norden der Provinz außerhalb der Ortschaften kaum eine Straße. Von Infrastruktur kann daher außer im Raum um Yellowknife kaum eine Rede sein und die weiter nördlich liegenden Gebiete sind oft nur mit dem Flugzeug der Buschpiloten und Outfitter erreichbar. Man sollte sich in dieser fast grenzenlosen Wildnis im hohen Norden Kanadas seiner eigenen Grenzen und der möglicherweise aufkommenden Gefahren jederzeit bewusst sein und sich dementsprechend ausrüsten und auch ebenso verhalten. Man darf sich wohl auch nicht bei Touren in dieses Gebiet selbst überschätzen. Ebenso sollte man bedenken, dass unter Umständen bei ernsthaften Erkrankungen eine ärztliche Behandlung oder ein Klinikaufenthalt in der Nähe nicht möglich sein könnte. Auch zu einem Zahnarztbesuch muss man eventuell eine längere Anfahrt in Kauf nehmen.

Die **Provinzsteuer** entfällt hier ganz.

NOVA SCOTIA

Hauptstadt: Halifax
Größe: 55.491 qkm
950.000 Einwohner
große Städte: Halifax 330.000 Ew., Dartmouth

N.S.Dep. of Economic
Develop. & Tourism
Box 519
Halifax , NS
Canada B3J 2R7

www.explore.gov.ns.ca

Novia Scotia besteht aus dem Festland, einer Halbinsel sowie der malerischen Cape-Breton-Insel, 532m ü.M., die mit dem Festland über eine Hochstraße verbunden ist. Novia Scotia besitzt über 7.400 km Küste, die meist sehr zerklüftet und ursprünglich ist, viele, gepflegte Sandstrände und das wärmste Salzwasser nördlich von Virginia. Hier gibt es romantische rot-weiße Leuchttürme und vor den Küsten tummeln sich Buckel- und seltene Grönlandwale in ihrer natürlichen Umgebung. Hier treffen sich daher Walbeobachter aus aller Herren Länder. In der Hauptstadt Halifax können Sie die 1756 von deutschen Einwanderern gegründete Old Dutch Church bewundern.

Der Cabot Trail auf Cape Breton Island ist eine der Taumstraßen der Welt. Cape Breton Island ist auch einer der besten Ausgangspunkte zur Beobachtung von Finnwalen, Buckelwalen, Grindwalen und Zwergwalen. Man findet fossilienreiche Felsen und alte Grotten, ebenso wie alte Schiffswracks aus den letzten drei Jahrhunderten, ein Paradies für Sporttaucher. Die Freizeitmöglichkeiten scheinen fast unbegrenzt zu sein.

Hier im wunderschönen maritimen Novia Scotia herrscht ein feuchtes Kontinentalklima vor mit warmen Sommern und milden Wintern an der Ostküste, die vor allem durch den Golfstrom bedingt sind.

Man findet hier ebenso wie in den anderen Ostprovinzen die meisten Arbeitsplätze im Bereich der Fischerei und der Agrarwirtschaft vor, aber auch der Bergbau, die Rohölförderung sowie der stetig wachsende Tourismus sind natürlich erwähnenswert. Die Arbeitslosenquote ist leider auch hier weitaus höher als im Landesdurchschnitt Kanadas, sie liegt bei 8,2%.

Regionen	Städte
South Coast	Yarmouth
Cape Breton Island	Sydney, Glace Bay
Cumberland	Amherst
Guysborough	Canso
Halifax	Dartmouth, Halifax
Central/Colchester	Truro
Queens	Liverpool
Richmond	Arichat
Annapolis	Annapolis, Middleton

National Parks
Cape Breton Island, Kejimkujik

Deutsche Siedler aus Lüneburg machten sich einen Namen als Fischer und Bootsbauer und siedelten damals entlang der Küste. Das Fischerdorf „Lunenburg" wird von der UNESCO ebenfalls zum Weltkulturerbe gezählt. Sogar ein deutsches Oktoberfest findet in dieser Gegend jährlich statt. Überall im Land werden Sie auf Spuren ehemaliger deutschstämmiger Einwanderer stoßen. Im Jahr 1750 kamen die ersten 312 deutschen Einwanderer, protestantische Bauern aus Schwaben und Hessen, aber auch Niedersachsen und Pfälzer, denen es nach weltlicher und kirchlicher Freiheit verlangte, auf Einladung der Briten über Rotterdam auf dem Seeweg nach Kanada. Überall dort zeugen noch heute zahlreiche deutsche geographische Namensgebungen von der Vergangenheit.

Das Kulturgut der frankophonen Akadier - ihre französische Sprache und Tradition - breiteten sich ebenfalls aus. Sowohl Engländer und Iren, als auch Schotten (sogar ein gälisches College hat Novia Scotia zu bieten) trugen auch zu dem Mosaik der verschiedensten Kulturen bei, und Sie werden von jeder Kultur etwas entdecken können. Dies ist auch bezeichnend für die multikulturelle Gesellschaft des ganzen Landes mit allen Vor- und Nachteilen, die damit zu Tage treten können.

Über Tausende von Jahren lebten hier die Mi'kmaqs, deren Kultur heute auch den interessierten Besuchern zugänglich ist.

Die **GST/Harmonized Sales Tax** beträgt hier ebenfalls 15%.

NUNAVUT

Hauptstadt: Iqualuit
Größe: 1,9 qkm (BRD x 5,2)
25.000 Einwohner
größte Stadt: Iqualuit 5000 Ew.

Nunavut Tourism
P.O. BOX 1450
Iqualuit, Nu
Canada X0A 0H0

www.nunatour.nt.ca

Die Geburtsstunde dieses jüngsten ostarktischen Territoriums war der 1. April 1999. In Nunavut leben ca. 18.000 Inuit. Das „Land der Inuit" wurde an seine Ureinwohner mit gewissen Rechten am Abbau von Bodenschätzen, sowie deren Vermarktung zurückgegeben. Ihnen obliegen auch alle Jagd- und Fischereirechte.

Offizielle Amtssprachen sind hier Englisch und die Sprache der Inuit „Inuktitut". Erstmals mussten sich die öffentlichen Angestellten in den verschiedenen Dialekten der Inuit schulen lassen, zumal im Osten Nunavuts Inuktitut in syllabischen Lettern und im Westen in römischen Lettern geschrieben wird, was noch erschwerend hinzu kam. Das Ziel der kanadischen Regierung in Ottawa ist, dass die Zahl derer, die hier im öffentlichen Dienst beschäftigt sind, aus Nunavut kommen soll und 10% der Bevölkerung betragen soll. Mittlerweile sind rund 45% der Regierungsangestellten Inuit, 50% werden aber angestrebt.

Die Inuit (85% Anteil an der Gesamtbevölkerung Nunavuts) fertigen Handwerkskunst aus Elfenbein, Speckstein und Horn an. Die Malereien der Inuit sind auch sehr berühmt. Es finden sogar große jährliche Kunstausstellungen hier in Nunavut statt. Nennenswert ist vor allem Cape Dorset auf Baffin Island, das sich schon fast als Künstlerakademie im ewigen Eis einen Namen gemacht hat. Die Inuit leben schon seit Jahrhunderten hier und haben sich über Generationen hin der unwirtlichen Natur perfekt angepaßt. Daher wird es für einen Mitteleuropäer sicherlich sehr schwierig sein, sich hier gerade im Winter anzupassen. Zu unwirtlich scheint die Natur zu sein, trotzdem hat sie bei näherem Hinschauen viel zu bieten. Arktische Sommer sind sehr reizvoll: blühende Tundra, Rhododendren und vielfältige fremdartig aussehende Pflanzen möchten bewundert werden.

Die Tierwelt sieht man hier meist in weiß: Schneehasen, Schnee-Eulen, Polarfüchse und natürlich der majestätische Eisbär haben hier ihr Domizil aufgeschlagen. Das Klima ist bis auf den südlichen Teil der Provinz arktisch und im Norden äußerst unwirtlich und kalt. Auf Ellesmere Island gibt es mit die höchsten eisbedeckten Berge Nordamerikas.

Zu Nunavut gehören u. a. Baffin Island, Devon Island und Victoria Island. Vor den Küsten können Sie Eisberge, Treibeis und natürlich Grönlandwale sehen und erleben. Das Kalben der Eisberge im arktischen Sommer ist ein Naturschauspiel, das seinesgleichen sucht. Hier verliert man leicht den Begriff von Raum und Zeit. Baffin Island ist berühmt für seine einmalige Gletscherlandschaft im Auyuittuq (in der Sprache der Inuit „das Land, das nie schmilzt") Nationalpark, den man aber nur in ausgezeichneter Kondition, mit erstklassiger Ausrüstung und mit Führung durch einen erfahrenen, am besten einheimischen Inuit-Outfitter besuchen sollte.

Regionen	**Städte**
Southern	Arviat, Ennadai
Northern	Cambridge Bay, Taloyoak
Eastern	Whale Cove
Western	Bathurst Inlet
Baffin Island	Pond Inlete, Iqualuit
Southhampton Island	Coral Harbour

National Parks

Auyuittuq, Ellesmere Island, South Nahanni

Von der Bevölkerungszahl das kleinste der kanadischen Territorien, aus geologischer Sicht aber das größte, hat auch Nunavut (in der Sprache der Inuit „Unser Land“) einiges zu bieten. Zwar gibt es nur 28 Ortschaften und 348km Sraße in dieser riesigen Provinz, doch mit Outfittern kommt man fast überall hin. Bizarre arktische Landschaften mit einer unberührten Natur bieten Ihnen einen einzigartigen Reiz. Die wenigen Orte, die es hier gibt, liegen weit verstreut. Alles geht ein wenig gemächlicher als bei uns. In der Provinzhauptstadt Iqualuit gibt es jedes Jahr mehrere Musik-Festivals, darunter auch Eerie, das unvergessliche, für uns so fremdartig erscheinende Inuit-Halssingen. Iqualuit ist allerdings nicht vom Landweg aus zu erreichen. Aber trotzdem - oder gerade deswegen - findet man sogar hier die Spuren der Touristikindustrie. Daher sollte man an die hiesige grandiose Natur denken - in Europa wurde schon soviel durch den Tourismus zerstört. Hier zu leben heißt die Wagnisse der Natur so hinzunehmen, wie sie kommen! Man muss sich der Natur anpassen und nicht umgekehrt.

Achten Sie, wie auch in den Northwest Territories, auf die Autokennzeichen: Die Kontur ist die eines Eisbären!

ONTARIO

Hauptstadt: Toronto
Größe: 1 Mio. qkm (BRD x 3)
11,5 Mio. Einwohner
große Städte: Toronto 4,8 Mio. Ew.,
Bundeshauptstadt Ottawa mit 1 Mio Ew.
Hamilton 625.00

OntarioTravel
Queens Park
Toronto, ON
Canada M7A 2R9

www.region.waterloo.on.ca/jsh
www.ontario-canada.com/travel
www.stay-a-while.com
www.mennonitecc.ca/mcc

Ontario ist vor allem Kanadas politisches, kulturelles und wirtschaftliches Zentrum und die bevölkerungreichste Region Kanadas. Ottawa, die reizvolle Hauptstadt Kanadas lädt im Osten der Provinz zum Verweilen ein. Hier gibt es kulturelle Großstädte wie Toronto, aber auch unzählige Seen – insgesamt kann die Provinz Ontario mit über einer halben Million Seen im Norden aufwarten - eine reichhaltige Tierwelt, faszinierende Wildnis und Wildlife miteingeschlossen. Alleine im Lake Superior, dem westlichsten der großen Seen gibt es 15.000 (!) Inseln. Der kanadische Schild säumt die Hudson Bay, deren Gesteinsformaturen zu den ältesten dieser Erde zählen. Die Ausmaße dieses kanadischen Schildes sind - wie überhaupt die gesamten Ausmaße Kanadas - für uns Mitteleuropäer fast unvorstellbar: Von der Atlantikküste Labradors, durch Québec bis an den St.-Lorenz-Strom, weiter in nordwestliche Richtung, wo er Ontario, den Norden Manitobas und Sasketchewans sowie den Norden Albertas durchzieht. Er dehnt sich bis in die Northwest Territories und Nunavut aus. Die höchste Erhebung Ontarios ist der Mt. Ogidaki mit 665m.

Hier leben noch die Mennoniten, die wir nur aus abenteuerlichen Berichten als Amish kennen, die aber vor vielen, vielen Jahren einmal aus Deutschland aus religiösen Gründen ausgewandert sind. Sie lehnen zum größten Teil alle Errungenschaften moderner Technik ab und leben wie vor Hundert Jahren. Auch zählt für sie kein irdisches Gericht, sondern nur Gottes Wort.In Kitchener kann man das älteste Haus eines deutschstämmigen Mennoniten als Museum besichtigen.

Wer Natur und Abenteuer liebt, findet hier fast unbegrenzte Möglichkeiten. Die Ureinwohner waren die Odawas (vor allem auf Manitoulin-Island), Ojibwas und Potawotami-Indianer. Hier sind noch viele Stämme dieser First Nations zu finden. Manitoulin-Island, schon immer in fester Indianer-Hand, ist eine Erkundungstour wert. Es ist die größte in einem Süßwassersee gelegene Insel der Welt, die ihrerseits wiederum zahlreiche kleine Seen aufweist.

In der Sprache der Ureinwohner wird Ontario „ Land des glänzenden Wassers“ genannt. Eine Legende der Greenmantle erzählt von einer Prinzessin der Ojibwa, die von Sioux gefangen wurde. Als sie die Sioux zu ihrem Stamm bringen sollte, führte sie sie stattdessen geradewegs über einen donnernden Wasserfall. So erhielten die 38m hohen Kakabeka Wasserfälle in der Nähe von Thunder Bay ihren Namen. Der Quimet Canyon Provincial Park in der Nähe von Thunder Bay, kann mit einer 100m tiefen Schlucht aufwarten. In Ontario findet im August einer der größten Pow Wow‘s Nordamerikas, zu dem Indianer aus ganz Kanada zusammentreffen, statt. Auch die Niagara Fälle sind eine der Hauptattraktionen Ontarios. In der Gegend rund um Niagara-on-the-Lake findet man Weinberge und Obstplantagen. Rund um Kitchener gibt es sehr viele ehemalige deutsche Einwanderer, die oft noch ein pennsylvanisches/deutsches Kauderwelsch sprechen. Moosonee war die erste englische Siedlung in Ontario.

Die Region um Sudbury besitzt eines der größten Nickelvorkommen der Welt und so führt auch hier der Bergbau in den Wirtschaftszweigen die Rangliste an, aber auch der Tourismus hat in diesem Gebiet der Metropolen Kanadas einen überaus hohen Stellenwert, zudem sind die Flüge bis Toronto recht preiswert. Im Stadtbereich Torontos sind natürlich auch die Banken erwähnenswert, sowie die Automobilindustrie u. a. in Oshawa, Belleville und Oakville. Die Softwarefirma Corel hat in Ottawa ihren Firmensitz. Die Prognose 2000 besagt für Ontario eine Arbeitslosenquote von 3,5% und ein Wirtschaftswachstum von 4% für dieses Jahr voraus. Wer also einen Arbeitsplatz in der Industrie, vor allem der Automobilindustrie sucht, ist hier richtig. Auch für Touristikbetriebe eignet es sich durch die vorhandene Infrastruktur, sowie Großstädte, vor deren Tor die Wildnis anfängt, sehr.

Regionen	**Städte**
Algoma country	Sault Ste. Marie
Southwestern	London, Windsor
Georgian Lakelands	Barrie
Toronto	Toronto, Missisauga
Central	Oshawa, Belleville, Hearst
Eastern Ontario	Ottawa, Kingston, North Bay
Northern	Winisk
Western Ontario	Kenora, Thunder Bay

National Parks

Bruce Peninsula, Georgian Bay Islands, Point Pelee, Pukaskwa, St. Lawrence Islands, Fathom Five National Marine Park

In Ontario ist auch der **südlichste Punkt Kanadas** zu finden, Middle Island. Bis vor kurzem war sie aber noch in Privatbesitz. Ein amerikanischer Unternehmer hatte die kleine Insel Anfang der 70er gekauft. In einer Auktion hat die kanadische Regierung sie wieder für ca. $ 1,3 Mio. incognito zurückersteigert.

Im Süden herrscht ein gemäßigtes Klima mit milden Wintern und warmen Sommern vor, je weiter man aber nach Norden kommt, desto kühler wird es. Dort sind auch die Wintermonate sehr viel schneereicher. Der Süden Ontarios liegt auf demselben Breitengrad wie die französiche Riviera und ist mit dem dort vorherrschenden Klima vergleichbar.

Eine weitere Kuriosität Kanadas gibt es bei einem hiesigen Golfclub in der Gegend von Toronto: Man hat Lamas als Caddies „angestellt" (in B.C. kann man sie als Lastenträger bei Hikingtouren vorfinden).

Die **Provinzsteuer** beträgt 8%.

PRINCE EDWARD ISLAND

Hauptstadt: Charlottetown
Größe: 5.660 qkm
140.000 Einwohner
größte Stadt: Charlottetown 60.000 Ew.

Tourism Prince
Edward Island
Charlottetown, PEI
Canada C1A 7M5

www.peiplay.com

Der Urlauber denkt hier sofort an fangfrischen Hummer (Lobster) und an die phantastischen Golfplätze, die fast überall zu finden sind. Doch Prince Edward Island hat natürlich noch viel mehr zu bieten. Die Provinzhauptstadt Charlottetown ging als die eigentliche Geburtsstätte Kanadas ein, als hier 1864 eine Versammlung der britischen Kolonien stattfand, an deren Ende sich all diese zu einem Land - Canada - verbanden. Die heutige Provinzregierung tagt noch immer in dem Province House, wo einst die Proklamation stattgefunden hat. In der Nähe liegt Fort Amherst, dessen historische Bedeutung noch weiter in die Vergangenheit zurückreicht. 1720 errichteten französische und arkadische Einwanderer eine Siedlung namens Port-la-Joye und machten sie zum damaligen Verwaltungszentrum der Inselkolonie.

Regionen	Städte
Prince County	Alberton, Kensington, Summerside
Kings County	Georgetown, Montague
Queens County	Cavendish, Charlottetown

Nationalparks
Prince Edward Island National Park

Prince Edward Island ist seit einigen Jahren mit dem Festland von New Brunswick durch die 1997 eröffnete, 13km lange, 40m hohe Confederation Bridge verbunden. Sie ist die längste Meeresbrücke der westlichen Hemisphäre und eine architektonische Meisterleistung unserer Zeit.

Auch auf alte gälische Spuren der damaligen ersten Einwanderer werden Sie in einigen Gegenden heute noch stoßen und irgendwie erinnert einen die Landschaft auch an die Irlands.

Auf Prince Edward Island, in Cavendish, steht auch „Green Gables House", jenes einfache grün-weiße Farmhaus, das die berühmte Romanautorin Lucy Maud Montgomery dazu inspirierte, ihren noch weitaus berühmteren Roman „Anne of Green Gables" über die kleine rothaarige Göre Anna zu schreiben. Es gibt sogar mittlerweile eine Baufirma, die Fertighäuser in diesem Stil vertreibt.

Prince Edward Island ist Kanadas **kleinste Provinz**. Dort werden Sie sehr waldreiche Landstriche mit zum Teil riesigen Ahornbäumen - , den so überaus bewunderten Indian Summer können Sie hier erleben - vorfinden, flaches Hügelland (Queens County besitzt mit 152m die höchste Erhebung), zerfurchte Küsten, Sandstrände, sowie auch Süß- und Salzwassersümpfe. An den Küsten gibt es rote, weiße sowie rosa- und champagnerfarbene Sandstrände (bedingt durch die Erdfarbe)!

Im Frühling und Herbst rasten hier in P.E.I. viele Zugvögel, darunter auch Kanadagänse - und die Insel ist ein hervorragendes Revier für Ornithologen und Vogelbeobachter. Hier herrscht mildes und teilweise feuchtes Kontinentalklima mit milden Sommern und milden Wintern, oft sehr niederschlagsreich im Sommer vor.

Die Ureinwohner waren auch hier die Mi'kmaqs. Eine ihrer Legenden erzählt, wie der Große Geist nach der Erschaffung der Welt und allen Lebens Glooscap schuf und ihm eine ganz besondere Macht verlieh. Dann blies der Große Geist über Birkenrindenstücke, die er vorher von einem Baum abgelöst und zusammengerollt hatte und verwandelte sie so in wunderschöne Mi'kmaqmenschen. Danach formte er ihr Heim aus rotem Lehm wie einen Halbmond und wies Glooscap an, dieses in die singenden Gewässer zu setzen. Als nun Glooscap das Meisterwerk sanft absetzte, verwandelte es sich in einen funkelnden Juwel im Meer: das heutige Prince Edward Island. In ihrer Sprache nannten die Mi'kmaqs die Insel „Abegweit - von Wellen gewogen".

Die Arbeitsplätze sind hier ebenso wie in den anderen östlichen Provinzen überwiegend in der Fischerei (Hummer, Austern, Thunfisch u. a.), in der Agrarwirtschaft, in der Nahrungsmittelverarbeitung, im Bootsbau und im Tourismus zu finden. Die Arbeitslosenquote liegt aber auch hier höher (10,5%) als im Bundesdurchschnitt.

Die **Provinzsteuer** beträgt 10%.

QUÉBEC

Hauptstadt: Québec City
Größe: 1,6 qkm (BRD x 4,3)
7,4 Mio. Einwohner
große Städte: Montreal 3,4 Mio. Ew., Québec City 680.00 Ew.

Tourisme Québec
P.O. BOX 979
Montreal, PQ
Canada H3C 2W3

www.gouv.qc.ca/tourisme

Quèbec, Kanadas älteste Provinz, besitzt die zweitgrößte Stadt Kanadas, die auch zugleich die zweitgrößte frankophone Stadt der Welt überhaupt ist: **Montreal.** Dieses französische Flair, gepaart mit englischer Kultursphäre ist wohl einzigartig. Hier fand auch 1967 die Expo und 1976 die Olympiade statt. Auch Québec Citys Altstadt ist sehenswert und von der UNESCO geschützt. Die ersten Aufzeichnungen belegen hier eine Siedlungsgründung in 1608. Quebec ist eine bezaubernde Mischung aus Naturschönheit und Weltoffenheit, die jeden Besucher auf das Herzlichste willkommen heißt.

Innerhalb einer Stunde erreichen Sie von den großen Städten aus die großartige Natur und sind schon richtig mittendrin im Abenteuer. Hier gibt es Elche, Wölfe und alles, was zum erwünschten Wildlife dazugehört. Die Provinz Québec besitzt die zur Zeit längste Fußgängerhängebrücke der Welt und Montreal bietet Ihnen den zweitgrößten botanischen Garten der Welt. Dimensionen der Superlative werden Ihnen in Kanada überall immer wieder begegnen. Hier findet man sogar „Bäder“ nach deutschem Kurbad-Vorbild mit einigen bezeichnenden Einschränkungen natürlich, denn Kanadas Krankenversicherungen zahlen keinerlei Kuren, auch wenn sie als Präventivmaßnahmen manchmal im Einzelfall noch so dringend geboten wären und obwohl es auch überall im Land Thermalquellen gibt, die sich geradezu für eine Kurbehandlung anböten. Vielleicht wäre das auch eine neue Einnahmequelle im touristischen Bereich, zumindest für zahlungskräftige „Kurlauber“. Aber das scheint noch nicht so richtig entdeckt zu worden sein.

Ab Mitte des 19. Jahrhunderts erhielten die Townships französischen Charakter und erst seit Anfang des 20. Jahrhunderts wurden diese „Eastern Townships“ schließlich frankophones Gebiet. Der „New England“ Charme blieb aber dennoch erhalten. Die New-England-Staaten Vermont, New Hampshire und Maine, südöstlich von Montréal, fühlen den Besucher nach Neu-England zurückversetzt. Auch ganze Dörfer im neuenglischen Stil kann man hier vorfinden.

Regionen	**Städte**
Raum Québec	Québec City, Sainte Foy, Charlesbourg
Raum Montréal	Montréal, Laval
Nord	Akulivik, Polaris
Süd	Sherbooke, Drummondville
West	Val-d’Or
Ost	Rimouski, Baie-des-Moutons
Charleroix	La Malbaie

National Parks

Forillon, La Mauricie, Archipelago Reserve

In früheren Zeiten durchkämmten franko-kanadische Trapper den Westen nach wertvollen Pelzen, später suchten Goldgräber während des Abitibi Goldrauschs von 1935-1945 hier ihr Glück.

Über 65.000 Ureinwohner leben noch über Québec verteilt, dazu gehören die Montagnais, Algonquins, Atikamekw und im Norden die Cree und die Inuit. Ein Grund für das weitgehende Überleben der indianischen Kulturen in Kanada ist sicherlich der historische Pelzhandel mit den Europäern. Die Indianer wurden gebraucht und daher nicht solchen Verfolgungen und Vertreibungen wie ihre amerikanischen Stammesbrüder ausgesetzt. Die James Bay Cree gehören zu den letzten Jagd- und Fallenstellerkulturen unserer Erde. Ihre Sprache kennt allein 200 Synonyme für Wald! Eine der alten Geschichten erzählt, dass das Volk der Malécite an einer schrecklichen Krankheit litt. Viele starben daran. Eines Nachts träumte einer, dass ein großer, dünner Mann zu ihm kam, in Gestalt eines gestreiften Tieres mit knorrigen Gliedern, die wie Wurzeln bis in die Erde reichten. Er sagte, sein Name sei Ke-whis-a-wask (Bisamratte) und lud den Stamm zu sich ein. Die Malécite sammelten all ihre Kräfte, um zu ihm zu gelangen. Angekommen, gruben sie ein Loch in die Erde, fanden die Bisamratte und tauchten sie in einen Bach, wie im Traum befohlen. Dann tranken alle von dem Wasser und wurden wieder gesund. Deshalb ist die Bisamratte bis heute das Totemsymbol der Malécite.

Bedingt durch seine Größe hat Québec verschiedene klimatische Verhältnisse. Während im Süden kalte Winter und warme Sommer vorherrschen, ist das Klima im Norden und Nordwesten eher subarktisch. Da ein großer Teil der Provinz auf dem kanadischen Schild liegt, ist ein großer Teil des Bodens recht unfruchtbar und felsig. Im Norden ist die Provinz reich an Bodenschätzen (vor allem Gold, Kupfer, Zink, Eisenerze, Aluminium).

Die Ökonomie Québecs verteilt sich u. a. auf den Bergbau, die Holz- und Landwirtschaft, viele fertigende Textilbetriebe, die metall-verarbeitende Industrie, stromerzeugende Industrie, Papierindustrie und natürlich auch hier den Tourismus. Ebenfalls Zuliefererbetriebe der Automobilindustrie sind hier vertreten (Jaques Villeneuve, Kanadas berühmtester Rennwagen-Pilot, stammt auch aus Québec). Auch Elektronikfirmen, Lebensmittelindustriebetriebe und Druck- und Verlagsgewerbe sind hier ansässig. Insgesamt erscheint mir die Provinz europäischer zu sein, vor allem in der historischen Altstadt Québecs.

Eine Besonderheit für Autofahrer gibt es in Québec: Es ist **nicht erlaubt**, bei Rotlicht rechts abzubiegen!

Die **offizielle Amtssprache ist hier Französisch**, für die englische Sprache bestanden in der Vergangenheit sogar bestimmte Restriktionen in der Geschäftswelt, mit denen sich die Gerichte befassen mussten und gegen diesen Usus entschieden. Wenn Sie also in diese Provinz einwandern möchten, sollten Sie die französische Sprache beherrschen und auch eine mögliche Eigenständigkeit Québecs in der Zukunft in Kauf nehmen.

Die **Provinzsteuer** beträgt 10%.

<u>Anmerkung:</u>

Die Provinz Québec sucht ihre Einwanderer nach eigenen Kriterien aus, da eine Unabhängigkeit von Gesamt-Kanada durch die Separatisten angestrebt wird, die Kriterien zur Einwanderung sind allerdings die gleichen wie in Gesamt-Kanada.

Falls Sie beabsichtigen nach Québec einzuwandern, müssen Sie sich bei der zuständigen Botschaft informieren. Nachfolgend die Adresse:

Service d'Immigration du Quebec
a/s Ambassade du Canada
Laurenzerberg 2/2/2
A-1010 Vienne
Autriche
fon 0043/1-53138-3005
fax 0043/1-53138-3443

www.immq.gouv.qc.ca

Sie müssen zu einem Interview auch höchstwahrscheinlich zu dieser Botschaft reisen.

SASKATCHEWAN

Hauptstadt: Regina
Größe: 652.330 qkm (BRD x 1,8)
1,1 Mio. Einwohner
gr. Städte: Saskatoon 220.000 Ew., Regina 195.000 Ew., Prince Albert 42.000 Ew.

Tourism Sasketchewan
500-1900 Albert Street
Regina, SK
Canada S4P 4L9

www.sasktourism.com

Zerklüftetes, zum Teil felsiges Hochland, die bis zu 1392m hohen Cypress Hills, fruchtbare Weizenfelder und dichte immergrüne Wälder - dies alles kann Ihnen Sasketchewan bieten. Und natürlich sind nicht nur das die einzigen Attraktionen dieser eher ländlich anmutenden Provinz Zentralkanadas. Die Hauptstadt Regina strahlt übersichtliche Beschaulichkeit aus und doch ist sie ein Zentrum des Handels und der dort angesiedelten High tech - Industrie.

In Saskatoon, einer malerischen größeren Stadt sind auch seltene weiße Pelikane zu finden, die sich dort im Fluss als Touristenattraktion tummeln und jeden Besucher in ihren Bann ziehen. Sasketchewan alleine besitzt 2 Mio. ha Landschaftsschutzgebiet! Der Mythos des Wilden Westens ist vor allem im Süden auch noch lebendig geblieben und wird traditionell weiterhin gut gepflegt, ebenso wie in Alberta und Manitoba. Cowboy-feeling inbegriffen! Der Churchill River mit seinen Stromschnellen verbindet Dutzende von glasklaren Seen miteinander. Hier gibt es 100.000 Seen und Flüsse, wahrscheinlich hat sie noch keiner vollständig gezählt.

Fast 5% der Bevölkerung sind deutschstämmig. Die Cree, Dakotas und andere Ureinwohner sind hier auch heute noch zahlreich vertreten. Sasketchewans First Nations laden jährlich zu großen Pow Wow's ein, zu denen Besucher, die sich für die indianische Kultur interessieren, recht herzlich eingeladen sind.

Regionen	Städte
Southwest	Moose Jaw, Swift Current
Southeast	Regina
Central	Saskatoon, North Battleford, Prince Albert, Yorkton
North	La Roche
East	Hudson Bay

National Parks
Grasslands, Prince Albert

Die Hauptstadt Sasketchewans ist Standort der einzigen Ausbildungsakademie der überaus berühmten **Royal Canadian Mounted Police (RCMP)**, die 1998 ihr 125-jähriges Bestehen feierte. Dies waren die ersten Ordnungshüter der damaligen ereignisreichen Zeit in der Prärie, die hier um die Jahrhundertwende zwischen Alkoholschmugglern und Indianerstämmen zu vermitteln versuchten und halfen, Recht und Gesetz der rauhen Bevölkerung nahezubringen. Sie sind in ihren rot-schwarzen schmucken Uniformen auch heute noch für die Touristen ein beliebtes Motiv für deren Photos.

Der Athabasca Sand Dunes Provincial Park ist die Heimat der nördlichsten Sanddünen der Welt. Sie erreichen fast unglaubliche Höhen von bis zu 30 Metern. In Sasketchewan ist auch Kanadas ältestes Vogelschutzgebiet (in 1887 gegründet) beheimatet. In Regina gibt es das erste Kasino, das im Westen Kanadas eröffnet wurde.

Der Norden der Provinz wird ebenfalls vom Seengebiet des kanadischen Schildes bestimmt mit ausgedehnten grünen Wäldern und zahlreichen verstreuten Felsformationen. Die südliche Provinz wird überwiegend durch flaches Prärieland gekennzeichnet, das nur von sanften Hügeln durchbrochen wird. Das Klima erscheint den Einwohnern eher trocken mit kontinentalen, heißen Sommern und kalten, oftmals sehr schneereichen Wintern.

Die Wirtschaftszweige der Provinz Sasketchewan bestehen vor allem aus der Landwirtschaft, der Viehzucht und anschließender

Fleischverarbeitung, dem Bergbau, vielen Ölraffinerien sowie dem Tourismus.

Die **Provinzsteuer** beträgt **in Saskatchewan 8%.**

YUKON TERRITORY

Hauptstadt: Whitehorse
Größe: 483.450 qkm
32.000 Einwohner
größte Städte: Whitehorse 24.000 Ew.

Tourism Yukon
P.O. BOX 2703
Whitehorse, YT
Canada Y1A 2C6

www.touryukon.com

Kanadas Norden, im Westen angrenzend an Alaska, ist ein Kanada, das selbst die meisten Kanadier nur aus Fernsehberichten kennen. Ursprünglich, wild und majestätisch schön und uns Europäern überwiegend durch die Erzählungen Jack Londons und den Goldrausch bekannt. Bis vor wenigen Jahren eigentlich den reinen Abenteuerurlaubern vorbehalten, erfreut sich der Yukon immer größer werdender Beliebtheit, gerade auch bei deutschen Touristen. Wegen steigender touristischer Nachfrage in den letzten Jahren sind in den Sommermonaten Direktflüge Frankfurt - Whitehorse, jeweils mittwochs bzw. donnerstags eine Gegebenheit. Legendär auch der Alaska Highway, auf dem Sie den südlichen Yukon und Alaska befahren können oder der Dempster Highway, der sie am km 402 über den Polarkreis nach Inuvik führt.

Die Hauptstadt Whitehorse ist nach den historischen Stromschnellen des Yukon Rivers benannt, die wie die wehende Mähne eines galoppierenden Pferdes aussahen. Durch den Bau eines Staudammes wurden diese 1958 aber gezähmt. Mit der Fertigstellung der Eisenbahn-Verbindung von Skagway in Alaska nach Whitehorse in 1900 entstand das heutige Whitehorse als Endstation. Eines der Wahrzeichen der Stadt ist der Raddampfer (Sternwheeler) S.S. Klondike, der an die damalige Schiffsverbindung nach Dawson City erinnert. In der Umgebung von Whitehorse können sie die riesigen Dredges, die zur Goldförderung notwendig sind, sehen.

1897/98 folgten 25.000 Goldsucher mit äußerten Anstrengungen dem Chilkoot Trail erfolgreich (von 100.000, die es probierten und daran scheiterten). Abenteuerliche Geschichten vom Klondike Gold Rush haben hier noch heute viele zu berichten. Auch in der jetzigen Zeit kommen noch Goldsucher in den Yukon, den Traum von Abenteuer und Reichtum im Gepäck, aber die Goldförderung ist heute überwiegend eine Sache der Technik und des schweren Geräts geworden. In 1998 wurden im Yukon Territory 72.230 oz Gold mit einem Wert von $ 31.445.000 gefördert. Entlang des White Pass und des Chilkoot werden Sie noch Artefakte des damaligen Goldrauschs finden, vom alten Stiefel bis zum unterwegs kaputtgegangenen und liegengelassenen Transportkarren - diese dürfen nicht verändert oder gar entwendet werden, sind sie doch Zeitzeugen für das Geschehen um die Jahrhundertwende herum.

Es gab verschiedene Wege, um die Goldfelder am Klondike zu erreichen. Man musste, um vor dem nächsten Winter ans Ziel zu kommen, den Yukon flussaufwärts fahren. Dies war aber wegen des Herbstes, vor allem für die später Angekommenen, nicht mehr realisierbar. Außerdem war es sehr teuer. Die am weitesten verbreitete Möglichkeit war die über Skagway. Die Goldsucher strömten an den Fjord von Skagway, wo bisher nur eine einsame Hütte gestanden hatte. Dann musste man den allseits gefürchteten, sehr steilen, vereisten Chilkoot Pass oder den White Pass überqueren, woran die meisten schon zerbrachen. Wenn dies geschafft war, erreichte man den Lake Bennet, wo Bäume gefällt und Boote oder Flöße gebaut werden mussten, um ihn zu überqueren. Anschließend musste man den Yukon bis nach Dawson City damit befahren. Für viele Abenteurer war der Traum hier zu Ende. Die tödlichen Stromschnellen der Five-Finger-Rapids bei Pelly Crossing kosteten einige das Leben. Ganz abenteuerliche Gesellen schafften es zu Fuß vom Mackenzie-Tal über die nördlichen Ausläufer der Rockies.

Viele schillernde Gestalten kamen während dieser Zeit zu Ruhm. Hier sei nur „Klondike Kate“ genannt. Als Deutschstämmige im rauhen Norden wurde sie als „Flame of the Yukon“ bekannt. In Dawsons Saloons führte sie mit meterlangem roten Chiffon einen Tanz auf. Auch ein Kriminalfall „Mad Trapper vom Rat River“ ist in die Annalen eingegangen. Albert Johnson, ein mehrfacher Mörder, wurde damals von Einheimischen und der RCMP durch den Winter 80 Tage lang verfolgt, bis er halbverhungert und fast erfroren gestellt und erschossen wurde.

In Dawson City steht noch heute die Hütte von Robert Service, der „Barde des Klondike“, dem Verfasser von u. a. „The Shooting of Dan McGee“; 120 km weiter südlich stand die von Jack London, die man aber hier in Dawson City rekonstruiert und wiederaufgebaut hat (die Vorführungen und die Lesungen des Robert-Service-Interpreters, vielen von Ihnen vielleicht aus TV-Reportagen bekannt, sind wirklich sehenswert und finden in Dawson City mehrmals wöchentlich statt).

Dawson City ist eine nahezu gänzlich restaurierte Siedlung aus dem Jahre 1898, in der sich seit des Goldrauschs nicht viel verändert hat. Zur ganzjährigen Bevölkerung zählen etwas über 2000 Einwohner, doch im Sommer verdoppelt dies sich fast durch Saisonarbeiter in der Touristik-Industrie sowie durch Forstarbeiter, Straßenbaubeschäftigte, Minenarbeiter, etc.! Straßen aus Kies, die Betonierung wäre durch den stark gefrorenen Boden im Winter und die doch recht angenehmen Sommer zu reparaturanfällig und damit für die Gemeinde zu kostenaufwendig, Bürgersteige aus Holz, die Häuser hochgesetzt, damit der dortige Permafrostboden nicht antaut und die Häuser somit auf Dauer zerstört, werden Sie hier sehen. Die Bewohner Dawsons müssen im Winter ihre Wasserleitungen immer etwas aufgedreht lassen, damit das sowieso sehr kalte Wasser in den Leitungen nicht einfriert. Auch im Sommer werden hier das Wasser und das Abwassersystem durch Pumpen ständig in Bewegung gehalten. Vorher wird das Grundwasser schon auf 5 Grad aufgeheizt. Das alles verursacht natürlich doppelt so hohe Wasserkosten als im Süden.

Regionen	**Städte**
Middle West	Dawson City
South	Whitehorse, Johnson' s Crossings, Teslin
Arctic North	Aklavik
East	Fort Simpson, Fort Liard

National Parks

Kluane, Northern Yukon

Auch hier im Norden kann man über eine Kuriosität berichten: „Signpost Forest" - während des Baus des Alaska Highway stellte ein heimwehkranker G.I. ein erstes Schild auf, das die Entfernung nach New York und Chicago angab. Mittlerweile stehen hier mehr als 50.000 Schilder aus allen Herren Länder. Nachahmungen gibt es aber auch in Keno City, den Keno Hill. Keno City hat eine alte verlassene Silbermine am Silver Trail, rechterhand vom Klondike Highway, der Whitehorse und Dawson City miteinander verbindet und hinter Dawson zum berühmten Top of the World wird.

Die Ureinwohner des Yukons gelangten vermutlich über die Behringstraße nach Kanada, als es noch eine Landverbindung zwischen Asien und Alaska gab, die versunkene Landbrücke **Beringia.** Das bewiesen auch umfangreiche zahnmorphologische Untersuchungen der Ureinwohner im Vergleich mit denen archäologischer Funde, die in markanten Merkmalen übereinstammten. Die heute hier lebenden Indianer gehören vor allem den Athapaskan- und Tlingit-Spachenfamilien an: G'witch'in, Han, Tutchones, Kaska, Tagish, Tlingit, Tanana. Frühere Traditionen waren z. B., dass Stammesangehörige der Crow Stammesangehörige der Wolfs heiraten mussten. So waren immer freundschaftliche Bande gewährleistet. Eine alte Legende (aber hier nur in Kurzform wiedergegeben) erzählt wie Crow, jenes mythische Wesen, die Welt erschaffen hat: Eines Tages stahl Crow mit einer List Sonne, Mond, die Sterne und das Tageslicht von einem höhergestellten Mann. Er setzte Sie an Ihren Platz und von nun an war die Erde hell und in Tageszeiten eingeteilt. Mittels Sandkörnern erschuf er die übrige Welt Doch er war einsam und so erschuf er die Crow und die Wolf. Weil beide Stämme sich nicht annäherten, schuf er dieses ungeschriebene Gesetz.

Die Spiritualität der Indianer ist mehr als nur Glaube, es ist eine Lebensart. Hier können Sie auch über all auf den Gräbern sogenannte Spirit Lodges (in denen der Geist der Verstorbenen lebt) finden. Man darf sie nicht photographieren oder ihre Inhalte entwenden oder zerstören. Jedes versehentliche Beschädigen muss gemeldet werden. Viele Künstler sind hier ansässig, die vesuchen, ihre Spiritualität von dem ewigen Kreis des Lebens in Malereien auszudrücken. Die First Nations haben seit 1993 /1998 auch hier ein Selbstverwaltungsrecht ihrer Angelegenheiten und ihres Landes. Mittlerweile werden an eigenen Schulen auch die eigenen überlieferten Sprachen wieder gelehrt (Krankenschwestern und Sozialarbeiter sollten die Sprache der Einheimischen wenn möglich beherrschen).

Der Yukon ist auch berühmt für das alljährlich im Februar nach altem Vorbild stattfindende Schlittenhunde-Rennen, den Yukon-Quest, der für die Musher (Schlittenhunde-Führer) und den Hunden alles abverlangt. Rund 1000 Meilen geht es von Whitehorse bis Fairbanks. Dieses Jahr wurde das Rennen übrigens das erste mal von einer Frau und ihren Hunden gewonnen!

Den **höchsten Berg Kanadas**, den 5.959m hohen Mt. Logan findet man dort in einer unter Naturschutz stehenden einzigartigen Bergwildnis (auch Nordamerikas höchsten Berg, den Mt. McKinley - allerdings in Alaska - ist hier bei einem Ausflug erkundbar und wurde von der UNESCO ebenfalls zum Weltkulturerbe gekürt). Die größten Seen sind der Teslin-Lake (381qkm), Tagish-Lake (355qkm) und der Kluane-Lake (306qkm).

Hier im Yukon gibt es eine Population von u.a. rund 10.000 Schwarzbären, über 6.000 Grizzlies, 4.500 Wölfen, 50 Polarfüchsen und fast 300.000 Karibus. Das bedeutet natürlich auch, dass man sich vor Bären schützen muss, wenn man in der Natur unterwegs ist.

Nördlich von Eagle Plains überquert man den Polarkreis. Hier gibt es weite Flusstäler, ausgedehnte Hochflächen und wellenförmige Hügel. Waldreich und im Norden die Tundra. Zahlreiche reißende Flüsse, tief in die Landschaft eingeschnittene Canyons, Gletscher bestimmen hier das Landschaftsbild. Abenteuer jeglicher Art sind hier miteinbegriffen. Vielleicht ist dies genau das, was uns Mitteleuropäer anzieht. Hier kann man der Zivilisation noch ein Stückchen weit entfliehen - wenn auch nicht ganz. Eine kurze Wegstrecke zurücklegen und schon ist man mittendrin in der Natur. Dadurch ist die Infrastruktur nicht so hervorragend wie im Süden Kanadas, doch nimmt man das nicht gerne in Kauf?

Die Sommer sind trocken und warm, die Winter äußerst schneereich und sehr kalt, in Dawson wurden schon einmal -58,3 Grad C gemessen, in Mayo –62,2 Grad C, weiter oben im Norden, in Richtung nördliches Eismeer, kann es sogar noch kälter werden. Der erste Frost kann in Dawson schon Ende August einsetzen und der letzte bis Ende Mai andauern. In den Hochsommermonaten aber kann die Quecksilbersäule schon einmal auf über 35 Grad Celsius klettern.

Arbeit findet man u.a. im Bergbau, in der Holzwirtschaft, im Tourismus sowie im sozialen Bereich. Im allgemeinen sind die Lebenshaltungskosten hoch oben im Norden höher als im Süden. Dies begründet sich daran, dass alles - von Milch bis zu Gemüse - entweder eingeflogen oder aber durch Trucks aus dem Süden Kanadas hierher transportiert werden muss.

In 1997 betrug der durchschnittliche Wochenlohn eines Arbeiters hier im Yukon $706,18 gegenüber einem Bundesdurchschnitt von $598,26. Im Jahr 1998, hundert Jahre nach dem Gold Rush, konnte der Yukon mit über 365.000 Besuchern aufwarten.

Die Menschen hier sind überaus freundlich und heißen jeden Gast recht herzlich willkommen - die schon sprichwörtliche Gastfreundlichkeit des Nordens ist legendär. Die Bevölkerungsstruktur setzt sich wie folgt zusammen: 47,7% sind britischer Abstammung, 35,1% europäischer , First Nations 21%, französischer Abstammung 14,1% und asiatischer oder afrikanischer Herkunft. Das Durchschnittsalter liegt bei 34 Jahren.

Die **Provinzsteuer** entfällt hier.

Anmerkung

Ich hoffe, Ihnen in dieser Kürze schon einmal einen kleinen Einblick in die verschiedenen Teile dieses großen Landes gegeben zu haben, erhebe aber nicht den Anspruch auf Vollständigkeit. Empfehlenswerte weiterführende Literatur über Kanada ist im Anhang aufgeführt.

Anschließend werde ich versuchen, Ihnen rechtliche Angelegenheiten, soziale Absicherungen, Besonderheiten des kanadischen Gesundheitssystems, etc. aufzuführen und Ihnen einen kurzen Überblick darüber zu verschaffen. Vor allem Botschaftsangelegenheiten, Vorbereitungen auf den bevorstehenden Umzug, aber auch steuerrelevante Vorschriften, etc. werden erläutert.

Unter den jeweilig benannten Internetseiten können Sie sich natürlich noch sehr viel eingehender über die etwaigen Abweichungen der gesetzlichen Bestimmungen (Schule, Steuerangelegenheiten, Führerschein, Sozialversicherung, etc.) der einzelnen Provinzen informieren. Dieses sollten Sie nicht als unwesentlich oder nebensächlich betrachten, da, auch wenn es Ihnen nie zu wünschen wäre, Sie vielleicht in eine Situation kommen könnten, in der Sie auf staatliche Unterstützung in irgendeiner Form angewiesen sein könnten. Aber in solch einer Lage sollten sie dann auch darüber am laufenden sein, was sich Ihnen für Möglichkeiten eröffnen könnten und was Ihnen in diesem Fall zusteht.

Arbeit

Nachdem Sie sich nun einen gewissen Überblick über das Land Ihrer Träume verschafft haben, sollten Sie die **weitere Planung** ins Auge fassen. Überstürzen Sie nichts, denn nichts ist so wichtig wie eine gründliche Vorbereitung Ihrer Zukunft in der neuen Heimat. Hören Sie sich im Bekanntenkreis um, schalten Sie Stellengesuche in kanadischen Tageszeitungen, bewerben Sie sich evtl. einfach auf's Blaue bei potentiellen Arbeitgebern.

Denken Sie aber nicht, dass es einfach ist. Der Arbeitgeber, der Sie einstellen soll, muss ebenso wie Sie viele bürokratische Hürden überwinden. Zuerst sollen natürlich die freien Stellen an Kanadier oder an permanent residents vergeben werden. Auch in Deutschland ist es für Ausländer, die weder eine Aufenthalts- noch eine Arbeitsgenehmigung haben, selten möglich, vorab ein Arbeitsangebot zu erhalten. Doch es ist möglich! Bleiben Sie daher durchaus optimistisch, starten Sie unentwegt neue **Bewerbungen**, lernen Sie die Sprache - und wer weiß, vielleicht kommt das Stellenangebot schneller als Sie denken. Gehen Sie online und schauen sich dort die Seiten des kanadischen Arbeitsamtes an, suchen Sie sich passende Angebote heraus und schreiben, oder besser noch faxen oder e-mailen Sie dem potentiellen Arbeitgeber Ihr Bewerbungsschreiben (in Englisch oder Französisch verfaßt) und Ihren Lebenslauf. Mehr ist meistens nicht erforderlich.

Ich rate Ihnen zu **faxen oder zu e-mailen**, denn ein A4-Umschlag kostet, je nach Gewicht zwischen 10,- und 16,- per Luftpost und mit der einzuberechnenden Postlaufzeit erhalten Sie frühestens nach anderthalb Wochen eine Antwort. Diese Bewerbungsschreiben daher online zu tätigen ist sehr viel günstiger und vor allem deutlich schneller. Oftmals antworten die angeschriebenen Firmen überhaupt nicht. Ich habe z. B. für meinen Mann über 200 Bewerbungen geschrieben, wovon nicht einmal 15% beantwortet wurden.

Die **kanadischen Arbeitsämter** dürfen Ihnen als Ausländer ohne Aufenthaltsgenehmigung aufgrund rechtlicher Bestimmungen bei der Arbeitssuche nicht weiterhelfen - aber ihre Web-Seiten können Sie zur Adressensuche gezielt einsetzen! Wenn Sie die ständige Aufenthaltsgenehmigung (permanent resident permit) erhalten haben, können Sie natürlich auch den Service der kanadischen Arbeitsämter wahrnehmen, doch ich denke, die Frage der zukünftigen Arbeitsstelle - sofern Sie sich natürlich nicht selbständig machen möchten - und somit der sozialen Absicherung in der ersten Zeit muss schon vorher geklärt sein; es sei denn, man hat genug Geld, um die ersten Wochen oder Monate ohne Job auszukommen, oder aber man muss jeden sich bietenden - auch noch so schlecht bezahlten - annehmen. Und von diesen gibt es leider viele!

Man kann auch im voraus eine (befristete) **Arbeitserlaubnis** beantragen, welcher aber nur unter ganz bestimmten Voraussetzungen entsprochen wird:

* die offene Stelle muss mindestens 3 Monate ausgeschrieben worden sein
* sie konnte nicht mit einem qualifizierten Kanadier oder permanent resident besetzt werden
* „approved job offer" muss vorliegen, dazu
* muss der potentielle Arbeitgebeber Ihre Arbeitskraft beim zuständigen kanadischen Arbeitsamt HRDC (Human Resources Development Centre) beantragen
* das Arbeitsamt überprüft und bestätigt dieses Gesuch und sendet die „Confirmation of Offer of Employment" an die zuständige Botschaft hier in Deutschland
* der Arbeitgeber muss eine Gebühr entrichten (Sie können ihm anbieten, diese zu übernehmen - hilft auch manchmal weiter)
* die Botschaft wendet sich jetzt an Sie und erteilt nach der Entrichtung der Gebühr für die Arbeitserlaubnis diese, die jedoch nur für diesen Arbeitgeber , meistens für ein Jahr, gilt.

Anmerkung

Es gibt nur sehr wenige Ausnahmen für bestimmte Berufsgruppen,die sich aber immer wieder ändern und daher bei der Botschaft zu erfragen sind (z. B. im caritativen Bereich oder aber auf klerikaler Ebene).

Dieses Verfahren zeigt relativ gut die oftmals recht verzwickte Situation des arbeitswilligen ausländischen Arbeitssuchenden auf: Ohne Arbeitserlaubnis keine Arbeit und ohne Arbeit keine Arbeitserlaubnis und fehlende Punkte im Einwanderungsgesuch. Doch wie auch meine eigenen Erfahrungen gezeigt haben, darf man nicht vorschnell resignieren. Deutsche, gut ausgebildete Fachkräfte werden auch in Kanada immer noch geschätzt. Vor allem in der Computerbranche, im Tourismus, in der Sozialarbeit, etc. stehen die Chancen gut. Aber auch als Logopäde/Logopädin oder Zahntechniker/-in haben Sie geradezu hervorragende Aussichten.

Gute Websites im Bereich der **Arbeitsvermittlung** sind folgende, die zum Teil auch viele Links zu arbeitsbezogenen Seiten enthalten:

* **www.canadajobs.com/**
* **www.careerclick.com/**
* **www.worksearch.gc.ca/**
* **www.monster.ca/**
* **www.globecareers.com/** (die überregionale kanadische Tageszeitung „Globe and Mail" ist mit der Zeitungsgruppe des „Toronto Star" einen Verband eingegangen, um die Stellenangebote aller Zeitungen der beiden Gruppen im Internet zu veröffentlichen. Hier sind etwa 7000 landesweite Stellen gelistet)
* **www.canada.gc.ca/**
* **www.canada-wide.com**
* **www.yahoo.ca/** (dort finden Sie viele Links zu kanadischen Online-Stellenmärkten)
* **www.jb-ge.hrdc-drhc.gc.ca/** (die Seite des Arbeitsamtes)
* **www.emploi.mss.gouv.gc.ca/** (die Seite des Arbeitsamtes von Québec)
* **www.cicnet.ci.gc.ca/** (dort gibt es auch Antragsformulare zur Erteilung einer befristeten Arbeitserlaubnis oder Einwanderung, die Sie sich einfach herunterladen und ausdrucken lassen können)
* **www.workinfo.net/** (enthält einen online-Kurs für Bewerbungen)
* **www.allgerman.com/** (Verbund aller deutschen Zeitungen Kanadas)

* **www.workdestinations.org/** (dort sind zahlreiche Links und weitere Informationen bezüglich Stellen, Adressen, etc. der jeweiligen Provinzen, auch über den jeweiligen Arbeitsmarkt)
* **www.canada411.sympatico/** (hier finden Sie die white pages, in denen Sie gezielt nach Adressen, Tel. Nr. von Personen oder Gewerbebetrieben suchen können)
* **www.canadayellopages/** (vergleichbar mit unseren Gelben Seiten)
* **www.canada.gc.ca/**

Auch auf den Seiten der Firmen, Hotels, Verbände, etc. sind immer wieder Jobs gelistet. Auch hier in Deutschland können Sie bei der zuständigen Vermittlungsstelle des Arbeitsamtes erste, vielleicht dort vorliegende Angebote einholen:

Zentralstelle für Arbeitsvermittlung
Auslandsabteilung
Postfach 17 05 45
60079 Frankfurt/M.

Auch über deutsche Berufsverbände können Sie mögliche Stellenangebote erahren, beispielsweie über den Verband Deutscher Köche e. V., oder vergleichbare Vereinigungen.

Oftmals wird bei im Ausland erworbenen Berufsabschlüssen in Kanada eine sogenannte **„Journeyman's license“,** vergleichbar mit unserem Gesellenbrief, verlangt, die Sie aber unter bestimmten Voraussetzungen auch nachträglich in Kanada - auf eigene Kosten natürlich - erwerben können. Seien Sie also nicht gleich enttäuscht und werfen Sie nicht voreilig die Flinte ins Korn, wenn man Ihre solide deutsche Ausbildung erst einmal nicht anerkennen will. Nähere Bestimmungen für einzelne Berufsgruppen hierzu sind über die Botschaft, bzw. die kanadischen Arbeitsämter zu erfahren. Bei allen Hürden: Lassen Sie sich nicht entmutigen! Verfolgen Sie Ihr Ziel! Bei uns in Deutschland ist man mit Leib und Selle meist bei der Arbeit tätig. Manchmal opfert man sich ja geradezu auf. Man erledigt noch in der Freizeit Arbeitsangelegenheiten und versucht, alles bis ins kleinste Detail zur vollsten Zufriedenheit des Chefs zu erledigen. Dies ist ein Arbeitsverhalten, was Ihnen in Kanada nur selten begegnen wird. Freizeit steht hoch im Kurs und das Arbeitsmotto hat nicht immer mit deutscher Gründlichkeit und

Zeitauffassung und Engagement etwas zu tun. Daher wird bei vielen Unternehmen die deutsche Arbeitseinstellung doch sehr begrüßt.

Vielleicht erwägen sie auch nur eine befristete Anstellung als **Au pair-Mädchen.** Dann sollten Sie entweder eine professionelle Vermittlungsagentur damit beauftragen, mit der Sie in schwierigen Situationen wiederum Kontakt aufnehmen können, oder aber sich in den Stellenmärkten nach einer Ausschreibung als Nanny umsehen. Die in diesen Inseraten ausgeschriebenen Stellen werden meist mit $1200 - $1500 monatlich und freier Unterkunft bezahlt. Flugkosten, etc. sind aber jeweils selbst zu tragen. Mögliche Kontaktadressen sind in British Columbia die

Merry Maids / Nannies Placement Agency
2820 East 6th
Vancouver, BC

und in Alberta gibt es eine ähnliche Organisation, die auch bundesweit solche Stellen anbietet und vermittelt:

Preferred Personnel
Professional Nanny/Housekeepers
Edmonton, AB
fon 001/403-430-7987

In Deutschland gibt es ebenfalls Organisationen, die sich mit der Vergabe von au-pair Stellen befassen. Bei diesen Angeboten zahlt meistens die Gastfamilie den Flug und kommt auch für die Unterhaltskosten nebst einem kleinen Taschengeld auf. Natürlich können Sie auch im Internet auf folgender Seite auf Stellensuche gehen:

- **www.aupair.com**

Der größte Arbeitgeber in Kanada ist die Regierung. Diese Arbeitsstellen werden allerdings nur mit kanadischen Staatsbürgern besetzt, daher habe ich auf eine nähere Erörterung bewusst verzichtet.

Sie können auch eine **Ausbildung** als Logbuilder beginnen, für die in der Regel auch eine befristete Arbeitserlaubnis erteilt wird. Dieser Kurs vermittelt Ihnen alle erforderlichen Kenntnisse im kanadischen Blockhausbau, einer weit verbreiteten Konstruktionsweise der Wohnhäuser aus handbearbeiteten Rundholzstämmen. Sei es zum Zweck der Errichtung eines eigenen Log-homes oder als Start in eine neue Berufstätigkeit. Deutsche Gründlickeit in Verbindung mit kanadischer Erfahrung und Equipment ist sicherlich oftmals positiv aus Kundensicht. Der Kurs findet von April - Juni statt und dauert je nach Vorkenntnissen (der Kurs kann auch in 3 Teilabschnitten bewältigt werden) ca. 8 - 14 Wochen und kostet ca. can. $ 4.600 - 7000. Nähere Informationen unter

* **Del Radomske's Okanagan School of Log Building**
1231 Philpott Rd.
Kelowna, BC
Canada V1P 1J7
fax 001/250-765-5167

e-mail Radloghomes_school@bc.sympatico.ca.
www.bc.sympatico.ca/delradomske/Index.htm

Eine kostenlose Broschüre der Regierung über die möglichen Ausbildungsberufe („Apprentice Opportunities") können Sie anfordern beim zuständigen Ministerium:

* **Ministry of Advanced Education and Job Training**
Job Training Division
4946 Canada Way
Burnaby, BC
Canada V5G 4J6

Über Anforderungsprofile der jeweiligen Ausbildungsberufe können Sie sich ebenfalls ganz unkompliziert im Internet Informationen verschaffen und zwar auf folgenden Seiten:

- www.ola.bc.ca
- www.bcit.bc.ca

Saisonale Arbeitsmöglichkeiten im Bereich der Landwirtschaft als Erntehelfer beispielsweise oder im Okanagan-Tal von Britisch Columbia während der Weinlese sind natürlich auch gegeben. Auch werden immer einmal in technischen Zweigen deutsche Muttersprachler für Übersetzungen gesucht. Allerdings ist in diesen Wirtschaftszweigen nicht unbedingt mit einem Job auf Dauer zu rechnen. Oftmals auch nicht im touristischen Bereich, da dieser ebenso saisonabhängig ist. Durch die große Anzahl touristischer Betriebe ist aber gerade hier ein großes Potential an offenen Stellen gegeben, allderdings oft auch nicht gerade gut bezahlt, da es oft nur Anlernberufe sind. Auch wird immer Personal in den skiabhängigen Betrieben während der Wintersaison als Kassierer, Liftpersonal, etc. gesucht. Auch können Sie eine Ausbildung zum Wilderness Guide mit Zertifikat beginnen, denn gut ausgebildete Führer werden in der Tourismus-Brance immer wieder gesucht. Wenn sie damit liebäuglen sich selbständig zu machen mit einer Wilderness Lodge oder ähnlichem, können Sie Ihren Gästen auch eigene geführte Touren anbieten und sind nicht auf Angebote der Outfitter angewiesen. Die erstmal aufzuwendene Studiengebühr kann sich daher oftmals recht bezahlt machen.

* **Northwest Community College**
  3966 2nd Ave., Box 3606
  Smithers, BC
  Canada VOJ 2NO
  fax 001/250.847-4568

  e-mail devans@noradm.nwcc.bc.ca
  www.nwcc.bc.ca/

Der Erwerb dieser „Wilderness Guiding Skills“ dauert 90 Tage und kostet Sie ca. can.$ 8550 zzgl. $ 60 für den Erwerb einer Angellizenz zzgl. persönlichem Equipment.

Wenn Sie solch ein Stellenangebot über eine saisonal begrenzte Arbeitsmöglichkeit haben sollten, müssen Sie sich darüber im Klaren sein, dass die erteilte Arbeits- und Aufenthaltsgenehmigung wahrscheinlich nicht für immer gilt, sondern begrenzt sein wird. Aber es wäre vielleicht die Gelegenheit Land und Leute besser kennenzulernen und wichtige Kontkte zu knüpfen, sei es für eine spätere Dauerstelle oder aber für den Weg in die Selbständigkeit.

Allerdings sollten Sie sich vorher schon die **Unterschiede** der kanadischen Arbeitswelt zur deutschen ganz klar vor Augen halten: Es gibt weniger Urlaub, bezahlte Krankentage sind eher die Ausnahme, der Stundenlohn/ das Gehalt ist geringer, Urlaubsgeld oder das 13. Monatsgehalt sind weitestens unbekannt, der Kündigungsschutz ist mit dem in Deutschland auch nicht zu vergleichen, Feiertage werden oftmals nicht bezahlt, Arztbesuche o. ä. müssen Sie in Ihrer Freizeit wahrnehmen, etc. Arbeitslosengeld/-hilfe ist auch nicht so geregelt wie in Deutschland, doch davon werden Sie in einem späteren Kapitel noch lesen.

Alle Provinzen und Territorien haben **Mindestlöhne pro Stunde** festgelegt. In Ontario liegt dieser Satz derzeit bei $6.85! Die Industrie kann bei diesen Löhnen zwar preiswert fertigen, doch im Budget der Arbeitnehmer könnte es je nach Wohngebiet doch schon recht eng werden. Relativ gut bezahlte Jobs gibt es im Bergbau. Allerdings sind es meist auch Arbeitsangebote, die mit schwerer körperlicher Arbeit einhergehen, oder aber beispielsweise für den Koch eines solchen Camps eine längere Abwesentheit von seiner Familie bedeutet. Überwiegend sind diese Stellen aber auch saisonal bedingt.

Nachfolgend ein paar **Verdienstbeispiele** aus den verschiedensten Bereichen und Teilen Kanadas:

- Computer Support Technician	$ 35.000-40.000 p. J.	BC
- Tour Guide	$ 100-120 p. Tag	Alb
- Electrician	$ 1.260 p. M.	Alb
- Journeyman welder	$ 18.00 p. Std.	BC
- Cook	$ 1.800-2.100 pro M.	BC
- Chiropractic office assistant	$ 1.500 + Benef. p.M.	BC
- Research Analyst	$ 28.000-35.000 p.M.	BC
- Truck Driver	$ 0,30 p. mile	BC
- Fluid power Technician	$ 25.000 p.J.	BC
- Herbicide Sprayer/Applicator	$ 625 p. W.	Nfld
- Sales Representatives Wholesale	$ 400.000 p.J.	QB
- Social Service Worker	$ 14,25 p.Std.	QB
- Stationairy Engineer	$ 15,04 p. Std	QB
- Electrician	$ 16 p. Std.	SAS
- Mechanic Industrial	$ 23,23 p.Std.	SAS
- Customs Clerk	$ 32.892 p.J.	SAS
- Photographers	$ 7,25 p.Std.	ON
- Vehicle Reconditioner	$ 7,50 p.Std.	ON

- Cashiers	$ 53.000 Std.	NWT
- Nurses	$ 39 - 53.000 p.J.	NWT
- Secretary	$ 10 - 12 p.Std.	MAN
- Truck Drivers	$ 14 p.Std.	MAN
- Business System Analyst	$ 300.000 p.J.	ON
- Manager Assistant	$ 375 p.W.	ON

In aller Regel werden hier in Kanada 37 Std. wöchentlich gearbeitet. Wer mehr als 44 Std. arbeitet, hat Anspruch auf Überstundenbezahlung (overtime - meistens 150%). Überwiegend erhalten Sie 2 Wochen **Urlaub** pro Jahr. Bei längeren Firmenzugehörigkeiten oder in größeren Unternehmen gibt es oft zusätzliche Urlaubstage. Schwangerschaftsurlaub wird nicht vom Unternehmen bezahlt, allerdings haben Sie eine Arbeitsplatzgarantie für bis zu 17 Wochen. **Fehlzeiten** werden meistens nicht bezahlt. Als **Kündigungsfristen** gelten bei Angestellten bei einer Tätigkeit von bis zu 3 Jahren zwei Wochen, bei bis zu 4 Jahren drei Wochen , bei bis zu fünf Jahren Betriebszugehörigkeit 5 Wochen. Von bei uns üblichem **Kündigungsschutz** kann hier wohl kaum die Rede sein. Arbeitsschutzklagen, etc. müssen vor einem Zivilgericht geklärt werden. Alle Arbeitnehmer müssen gleich behandelt werden, gleich welcher Staatsangehörigkeit, Geschlecht oder Religionszugehörigkeit. (Obwohl erst vor kurzem ein kanadisches Gericht den weiblichen Beamten, die jahrelang weniger Gehalt als ihre männlichen Kollegen erhielten, das gleiche Gehalt zugesprochen hat!) Ob dies in jeder Situation zutrifft, möchte ich bezweifeln. Gerade chinesische oder südländische Einwanderer arbeiten oft für einen Bruchteil der normalerweise zu zahlenden Gehälter und werden daher oft bevorzugt. Meistens ist in den Stellenausschreibungen das Gehalt schon dementsprechend niedrig angegeben, dass sich gar kein anderer auf ein solches Inserat meldet.

Sie müssen von dem Anspruchsdenken, dem wir meistens in Deutschland aufgesessen sind, etwas Abstand nehmen. Nicht alles ist bis in jede kleinste Kleinigkeit geregelt. Man muss eher an die Eventualitäten des Lebens denken als hier in Deutschland mit einer Absicherung in fast allen Lebenslagen. Doch auch Freiheit hat halt damit ihren Preis und ist nicht gerade die Freiheit das, was Kanada so attraktiv für uns macht?

Später, wenn Sie in Kanada leben, nehmen Sie in den meisten Fällen einfach Ihren Lebenslauf (resume) und Ihr Bewerbungsschreiben und werfen es bei der Firma, bei der Sie sich eine Anstellung wünschen, in den Briefkasten. Sie können auch - ganz unkompliziert - bei den in Ihre nähere Auswahl gerückten Firmen anrufen und sich telephonisch bewerben. Auch wenn gerade kein Personal gesucht wird, wird man sich Ihrer vielleicht später erinnern. Oft verlangt auch der Arbeitgeber in seinem Inserat eine sofortige persönliche Vorstellung des Bewerbers. Dieser Modus hat natürlich auch seine Vorteile, denn der bekanntlich erste Eindruck ist der Beste und entscheidet meistens schon über eine mögliche Einstellung, sofern die Qualifikationen natürlich dementsprechend sind. Die Anrede mit dem Vornamen ist außer bei sehr förmlichen Begegnungen oder in höhergestellten Berufen eher die Regel als die Ausnahme.

Sie können bei der kanadischen Botschaft oder einem kanadischen Konsulat auch folgende Informationsbroschüre anfordern, die Ihnen weitere Fragen, die Arbeits- oder Studienaufnahme betreffend, beantworten kann:

„Entering Canada to Study or Work "

BERUFSVERBÄNDE

Auch in Kanada gibt es für die unterschiedlichsten Berufe in jeder Provinz Berufsverbände. Nachfolgend habe ich eine kleine Auswahl der übergeordneten aufgeführt, bei denen Sie dann die gesuchte in Ihrer Provinz erfragen können:

* www.opto.ca (Optometrists)
* www.opticians.ca
* www.cna-nurses.ca
* www.cda-adc.ca (Dentists)
* www.cma-canada.org (Management Accountants)
* www.cdnpharm.org (Pharmacists)
* www.physiotherapy.ca
* www.camrt.ca (Medical Radiation Therapists)
* www.intranet.ca (Social Workers)

* www.cma.ca (Medical professions)
* www.rpf-bc.org (BC Foresters)

Natürlich sind **Gewerkschaften** (Unions) sehr verbreitet. Um einen Job in gewissen Branchen zu bekommen, muss man manchmal sogar einer dieser Gewerkschaften angehören, manchmal bekommen Sie aber auch keinen Job, wenn Sie einer angehören - das wird man aber nicht öffentlich zugeben. Die kanadischen Unions sind aber nicht unbedingt als gleichwertig mit unseren deutschen Gewerkschaften anzusehen, sie sind viel zu liberal, streiken aber mehr. Das wird meiner Meinung nach schon bei den Mindestlöhnen sowie bei fehlender Lohnfortzahlung im Krankheitsfall deutlich. Gesetzestexte, in etwa vergleichbar mit unserem Betriebsverfassungsgesetz und anderen Arbeitsgesetzen, sowie die festgelegten tariflichen Mindestlöhne können Sie auf der Webseite des *Canadian Centre for International Credentials:*

- www.cicic.ca

detailliert nachlesen.

Die jeweiligen Berufsverbände informieren Sie gerne und geben Ihnen unverbindliche Auskünfte über die richtige Wahl für Sie.

BERUFSBEZEICHNUNGEN ENGLISCH/DEUTSCH

A	
Accountant	Buchhalter
Agriculturalist	akadem. landwirtschaftl. Beruf
Auto Mechanic	Automechaniker
B	
Baker	Bäcker
Barrister	Rechtsanwalt (aber auch Solicitor)
C	
Carpenter	Zimmermann
Clerk	Bürohilfen, etc.
Care Worker	für Berufe i. d. Wohlfahrtspflege, etc.
Cook	Koch
Civil Engineer	Ingenieur/Techniker
D	
Dietician	Diätspezialist
E	
Engineer	Ingenieur
F	
Fire worker	Feuerwehrmann
H	
Heavy Equipment Operator	Baggerfahrer, Kranführer, etc.
I	
Industrial Engineer	Industrie Ingenieur
Insurance Salesperon	Versicherungsvertreter
Interior Designer	Dekorateur
J	
Janitor	Hausmeister
K	
Keyboard Clerk	EDV-Assistent

L	
Librarian	Bibliothekar
Logger	Holzfäller (aber auch Tree Harvester)
M	
Medical receptionist	Arzthelferin
Medical Laboratory Technician	Med. techn. Assistent
Miner	Bergwerksarbeiter
N	
Nutritionist	Ernährungsberater
Nurse, liscensed	exam. Krankenschwester
O	
Optician	Optiker
P	
Pharmacist	Apotheker
Physician	Arzt
Plumber	Installateur
Practitioner	Allgemeinmedizinier
R	
Real Estate Agent	Immobilienmakler
Refrigeration Mechanic	Kühltechnik-Mechaniker
S	
Salesperson	Verkäufer
Sales Representative	Handelsvertreter
Server	Serviererin
Sheet Metal worker	Blechschlosser
Surveyor	Landvermesser
T	
Teller/cashier	Bankangestellter, Kassierer
Tile Setter	Fliesenleger
W	
Waitress	Serviererin
Welder	Schweißer

BERUFSBEZEICHNUNGEN DEUTSCH/ENGLISH

A	
Agraringenieur	Agriculture Engineer
Apotheker	Pharmacist
Arbeiter	Labourer
Angestellter	Attendant/Clerk
B	
Buchhalter	Accountant
Berufsberater	Employment Counsellor
Betriebswirt	Economist
C	
Chemiker	Chemist
D	
Dachdecker	Roofer
E	
EDV-Assitent/in	EDP assistant
Elektriker	Electrician
Empfangsangestellter	Receptionist
F	
Feuerwehrmann	Fireworker
Finanzfachleute	Financial Analysts
Fremdenführer	Tourist Guide
H	
Hausmeister	Housekeeper
Handelsvertreter	Sales Representative
K	
Kindermädchen	Nanny
Krankenpfleger	Nursing Assistant
Küchenchef	Chef (de cuisine)
Künstler, freischaffend	artist (painter, drawer, carver)
Koch	cook

L

Lehrer	Teacher
LKW-Fahrer	Truck Driver
Luftfahrt Ingenieur	Aerospace Engineer

M

Maler/Lackierer	Painter

P

Personalsachbearbeiter	Personnel Administrator
Pfarrer	Theologian

S

Schadenssachverständiger	Claim Adjuster
Sekretärin	Secretary

T

Tischler	Joiner (cabinet maker f. Küchen)

U

Uhrmacher	watchmaker
Übersetzer	Translator

V

Verputzer	Plasterer
Veterinarian	Tiermediziner
Verleger, Herausgeber	Editor
Verwaltungsfachangestellter	Administrative Assistant

W

Warehouse Person	Lagerverwalter, etc.

Z

Zahntechniker	Dental Technician
Zahnarzt	Dentist

Schule/Studium

Als Student/in benötigen Sie eine Student authorization, die bei der Botschaft zu beantragen ist. Auch existieren mehrere deutsch-kanadische **Austauschprogramme**, über die Sie sich bei der Deutsch-Kanadischen Gesellschaft, deren Adresse im Anhang zu finden ist, informieren können.

Ebenso gibt es Austauschprogramme für Schüler mit tollem Freizeitprogramm, das diesen Kanadaaufenthalt trotz Schulbesuchs zu einem unvergesslichen lassen wird. Nähere Informationen der Aufenthalte erhalten Sie bei der Bonner Austauschorganisation **Step in e.V.** (Anschrift im Anhang. Da dieser Aufenthalt zeitlich begrenzt ist, werde ich hierauf nicht näher eingehen, da es dadurch am eigentlichen Thema des Auswanderns vorbei geht.

Doch nun zum eigentlichen Thema, dem Schulbesuch Ihrer Kinder. Das kanadische Schulsystem unterscheidet sich in einigen Punkten von dem in Deutschland. Los geht es mit dem Kindergarten schon ab vier Jahren (berufstätige Mütter sind die Regel). Die Einschulung in die Grundschule **„Elementary school"** erfolgt in der Regel mit sechs Jahren (am 1. September muss das Kind mindestens 5 Jahre und 8 Monate alt sein). Nach 4 - 6 Schuljahren wechselt man in die „**Secondary school**" oder in die „Junior High-School", später in die „Senior High-School". Nach erfolgreichem Abschluss kann man ein College (1 bis 3-jährig) besuchen und sich auf den Universitätsbesuch vorbereiten (abhängig von der Vorbildung), oder aber auch einen berufsvorbereitenden/-ausbildenden Zweig einschlagen.

Manche Colleges nehmen auch Bewerber zwischen 25 und 30 Jahren an, auch ohne High school Abschluss, was aber dann mit den entsprechenden Kenntnissen und dem jeweiligen Background des Bewerbers übereinstimmen muss. Nach Abschluss der High school erhält man sein **Highschool Diploma**, mit dem man sich an der gewünschten Universität bewirbt (ein Jahr im voraus ist zu empfehlen). Wenn Ihr Kind den Führerschein während seiner Highschool-Zeit erwirbt und in British Columbia an einem Driver education course teilnimmt, bekommt es ab Grade 11 in öffentlichen Schulen 2 Punkte „geschenkt" (Für das Diploma benötigt man 52 Punkte). Stellen Sie sich das einmal in Deutschland vor: Alle Welt würde Sturm laufen! Und etwas merkwürdig finde ich es ja auch, das muss ich zugeben.

Den **Universitätsbesuch** schließt man als Bachelor (BA, BSC, etc.) nach 3-4 Semestern (*academic years*) von jeweils 8 Monaten ab, mit einem *honors degree* (BA Hon, BSC Hon) nach 4 weiteren academic years. Das ist aber provinzell unterschiedlich geregelt, natürlich auch noch mal unterteilt in verschiedene Studiengänge. Der Universitätsbesuch ist nicht kostenfrei, wie hier bei uns. Für einen AbSchluss werden je nach Studiengang zwischen $3.000 und $9.000 pro academic year fällig. Die meisten Studenten jobben daher für Ihr Studium. Es gibt aber auch vielfältige **Stipendien** - scholarschips - genannt, oder bursaries sowie Studentendarlehen, um sich das Studium zu finanzieren. Dies ist aber abhängig von der Zeit, wie lange der angehende Student schon in Kanada wohnt. Darüber informiert aber auch die zuständige High school ihre Absolventen.

* www.accc.ca/ (Verzeichnis der Community Colleges, auch für die Erwachsenenbildung)
* www.aucc.ca/ (Universitäten und Colleges)

Es gibt flächendeckend im ganzen Land **staatliche Schulen** der Klassen 1-12. Grundschulen finden Sie in fast jeder kleinen Gemeinde, weiterführende Schulen sind zentralisiert zu finden, aber ebenfalls flächendeckend. Der Schulbesuch an öffentlichen Schulen ist kostenfrei. Schulbusse fahren ebenso in jeder Gemeinde, es sei denn man wohnt wirklich ganz weit weg von dem nächsten Ort. Fast überall sind Schulen unter **privater Trägerschaft** wählbar. In Vancouver gibt es sogar eine internationalle Schule und eine deutsche Schule. In British Columbia können sie auch mehrere freie Waldorfschulen vorfinden. Wenn man eine kirchliche Erziehung für seine Kinder vorzieht, wird man auch hier in den verschiedensten Konfessionen fündig. Auch französische Schulen werden Ihnen häufig begegnen. Alle diese Schulen unter privater Trägerschaft sind meistens **schulgeldpflichtig.** Die Kosten sind bei der jeweiligen Schulleitung zu erfragen.

Die schulische Ausbildung ist hervorragend, auch wenn bei uns das selbständige Lernen etwas mehr gefördert wird. Der Unterricht beginnt in Kanada etwa eine Stunde später als in Deutschland, dauert dafür aber bis in den Nachmittag hinein. Der Stundenplan ist für Schüler langweiliger als hier bei uns: Montags - Freitags findet der Mathematikunterricht zum Beispiel in der 1. Stunde, Englisch in der zweiten, Geographie in der 3. Stunde statt. Das heißt keine Abwechslung im täglichen Stundenplan, allerdings braucht man auch nicht lange zu überlegen, welche Fächer man am nächsten Tag alles hat. Das ist aber auch von Schule zu Schule unterschiedlich geregelt. Hausaufgaben sind auch an der Tagesordnung. Die Sommerferien dauern 2 Monate, also etwas länger als bei uns. Es werden häufiger Tests geschrieben, dafür aber eher mit standardisiertem Abfragen des zuvor gelernten Lehrstoffes. Dieses sitzt dann aber auch! Ohne einen 10 oder 12-jährigen Schulbesuch ist es fast unmöglich, einen Ausbildungsplatz zu erlangen.

Für ausländische Studierende ist es notwendig, vor einem Universitätsbesuch den sogenannten **TOEFL®-Test** erfolgreich zu bestehen. Das ist ein Test, der die englischen Sprachkenntnisse des Studienplatzbewerbers vorher sicherstellt. Er kann am Computer absolviert werden, aber auch auf traditionelle schriftliche Weise. Insgesamt kann man 300 Punkte erreichen, die Anforderungen der einzelnen Universitäten sind aber unterschiedlich geregelt, z. B. benötigt man in Calgary, Alberta 213 Punkte, an der Universität von Prince George in British Columbia aber 230 Punkte. Über diesen Test, der unter ganz bestimmten Bedingungen absolviert werden muss, finden Sie auf der folgenden Website Näheres:

www.toefl.org/

Die kanadischen Studienabgänger gehören zu den Besten ihrer Zunft und es gibt ganz hervorragende Universitäten. Beispielsweise heimste die Universität von Victoria eine Auszeichnung des internationalen Business-Institut der „Acadamy of Management" als die beste Schule für angehende selbständige Geschäftsleute ein - und das im internationalen Vergleich: Die kanadische Uni der Hauptstadt British Columbias bestand gegen solch akademische Überfliegerinstitutionen wie die Harvard Business School und die Vaxjo-Universität in Schweden!

Um eine **Liste aller Schulen bzw. Universitäten** der jeweiligen Provinz zu bekommen, wenden Sie sich an das Bildungsministerium der Provinz, die Ihnen dann diese Liste, in der alle Schulen, staatliche und private - getrennt nach Region und Schulbezirk mit dem jeweiligen Schulleiter - aufgeführt sind. Sie können aber auch mit der Internet-adresse der Provinz

* www.gov.*Provinzabkürzung*.ca / (z.B. www.gov.bc.ca)

sich diese selbst heraussuchen. Auch auf der Website der Internet-Suchmaschine Yahoo können Sie gezielt nach Schulen (sogar mit Photos) oder nach Universitäten suchen:

* www.yahoo.ca
* www.intergov.gc.ca (Bildungsministerien der einzelnen Provinzen können Sie hier vorfinden)
* www.web66.umn.edu/schools/Maps/Canada.html (hier sind alle Schulen landesweit, nach Provinzen geordnet, gelistet - auch private Schulen)

Es gibt auch eine Besonderheit in Kanada: Sie können Ihre Kinder selbst unterrichten! Es gibt die **distance education**, und das **home schooling**, d. h. Sie melden Ihr Kind an einer dieser Fern-Schulen an, oder an einer öffentlichen oder privaten, bekommen das normale und gesondertes Unterrichtsmaterial kostenlos zur Verfügung gestellt. Die Kinder können an besonderen Ausflügen, oder am Sportunterrricht auch in der Schule teilnehmen. Es gibt zusätzliche elektronische Lehrprogramme. Die Leistungen der Kinder werden auch überprüft und ein Ansprechpartner ist vorhanden. Mehrere Elterninitiativen dieses home schooling betreffend, gibt es ebenso. Dies ist eine Möglichkeit - sofern Sie sich dieses zutrauen - wenn Sie etwas außerhalb wohnen. Statistiken zeigen auf, dass die Kinder des sogenannten home-schooling programs nicht schlechter abschneiden als die übrigen. Weiterführende Informationen finden Sie unter

* www.cln.org/community/schools.html

Die Anmeldung an allen Schulen obliegt den Eltern. Sie müssen sich bis zum 30. September an einer zuständigen Schule registrieren lassen. Manchmal gibt es gewisse **Einstufungstests**, um die Fähigkeiten und Kenntnisse in Englisch und Mathematik zu überprüfen. Zur Anmeldung des Kindes in der jeweiligen Schule benötigen Sie Ihr Visa, die Geburtsurkunde des Kindes, das Impfbuch und ein vorangegangenes

Zeugnis. Im übrigen ist es in Kanada schwierig geworden, ohne eine 10 bis 12-jährige Schulbildung eine adäquate Berufsausbildung zu beginnen Meistens schlägt man sowieso die Ausbildung über ein College ein. Auch noch im Erwachsenenalter bildet man sich vielfältig und vor allem stetig weiter.

Anmerkung
Vor allem gerade Ihre schulpflichtigen Kinder sollten die Sprache Ihrer neuen Heimat einigermaßen beherrschen. Kinder lernen ja bekanntlich sehr schnell und auch leichter als wir Erwachsenen, doch auch hier tut eine gute sprachliche Vorbereitung gut. Man kann ja auch mit den Kindern eine Liste von allgemeinen und schulischen Begriffen anfertigen und einüben. Denn im vorangegangenen Sprachenunterricht haben sie vielleicht schon die Grammatik erlernt, aber was z. B. Strahlensätze, Geodreieck, kariert, quadratische Gleichung oder Handfeger, Spielplatz, Schaukel und Lichtschalter, Steckdose, Kleiderbügel, etc. heißt, wissen sie oft nicht.

Ich habe vorab einen bilingualen Unterricht für unsere Kinder gewählt, d.h. die normalerweise epochalen Fächer Erdkunde, Sozialkunde und Geschichte wurden ganzjährig unterrichtet, die Hälfte des Schuljahres aber in Englisch. Wir fanden dies eine ganz praktische Erweiterung.

Für die Kinder wäre es ja besonders schlimm, wenn sie kaum einem Wort im Unterricht folgen könnten, zumal sie sich ja auch noch anhand der sprachlichen Fähigkeiten beurteilen lassen müssen. Falls die Kenntnisse Ihres Kindes noch zu wünschen übrig lassen, ist es auch nach Absprache mit dem Schulleiter möglich, zusätzlichen Unterricht zu erhalten. Kanada ist ein Einwandererland, dort sind diese sprachlichen Probleme durchaus bekannt.

Und den Kontakt zu Mitschülern erleichert es auch allemal, wenn Ihr Kind schon einen größeren Wortschatz aufweisen kann. Je mehr es sich außerdem sich in der neuen Sprache ausdrücken kann, desto weniger wird es im sprachlichen Abseits stehen. Auch ein guter Kontakt zu den neuen Schulkameraden oder anderen Kindern unterstützt das Lernen sehr.

Leben / Wohnen

Das tägliche Leben in Kanada unterscheidet sich von dem in Deutschland nicht sehr viel. Man muss ebenso für seinen Lebensunterhalt arbeiten wie hier, vielleicht sogar teilweise mehr. Nur die Distanzen sind größer, die Menschen weniger und das Land ist weiter, beeindruckender. Freizeitmöglichkeiten werden groß geschrieben. Viele einheimische Frauen fertigen kunstvolle Quilts (Patchworkdecken) oder andere Stickereien an. Outdooraktivitäten jeglicher Coleur kann man hier ausüben. Barbecue erfreut sich in jeder Gegend allergrößter Beliebtheit, zu dem man auch sehr gerne einlädt, oder eingeladen wird. Vielleicht, wenn Sie etwas außerhalb wohnen möchten, ist der nächste Nachbar etwas weiter entfernt. Viele Kanadier sind nicht so an ihren Wohnort gebunden wie wir zumeist. Sie ziehen häufiger um, auch mal in eine andere Provinz. Oft ist dies auch beruflich bedingt, weil man woanders einen besser bezahlten Job angeboten bekommt. Die Bürokratie in Kanada ist ebenso groß wie die in Deutschland, vielleicht noch ein klein wenig größer.

Kanada ist ein sehr **kinderfreundliches Land** - die Restaurants halten Spezialgerichte für die Kinder ebenso bereit wie Hochstühle, in den Parks gibt es Kinder- und Familienermäßigungen, fast in jeder Gegend gibt es auch spezielle Freizeitaktionen für die Kinder.

Überall wird Ihnen eine Gastfreundlichkeit entgegentreten, die man eigentlich von unserem Umfeld so nicht gewöhnt ist. Je weiter man in den Norden, in weniger dicht besiedelte Gebiete kommt, desto mehr freut man sich halt über einen Gast oder einen Besucher. Man bedankt sich bei jedem für alles, meistens mit einer Karte. Diese gibt es für alle Lebenslagen. An den Weihnachtsfeiertagen wenige Karten zu bekommen, grenzt schon fast an Unbeliebtheit!

Durch die jüngste **Antiraucher-Kampagne** kann man in fast keinem Restaurant in British Columbia mehr rauchen. Überhaupt ist das für mich ein Zeichen der immer mehr amerikanisierten Verhältnisse in weiten Teilen Kanadas. Obwohl zumindest die **Kriminalität** sich in Grenzen hält. Auch der **Waffenbesitz** unterliegt strengeren Regelungen als in den USA. **Alkoholgenuß** ist erst ab 19 Jahren in den westlichen Provinzen, ab 18 Jahren in den östlichen Landesteilen erlaubt.

Die **Lebensmittelpreise** sind, grob gesagt, je weiter Sie sich im Süden aufhalten, desto billiger. Insgesamt ist die Preisstruktur etwas niedriger als bei uns. Es sei denn Sie befinden sich im hohen Norden. In Dawson City kosten z. B.:

12 Eier	$2,29
2l Milch	$2,69
1 Pf Äpfel	$1,69
1 Weißbrot	$1,89
Liter Benzin	$0,80.

Aber die Gehälter sind auch niedriger. Und trotzdem liegen die Preise unter denen bei uns für die meisten Artikel des täglichen Lebens. Falls Sie in einem kleinen Ort wohnen mit nur einem Geschäft, dem General Store, werden natürlich dessen Preise über dem eines Discounters liegen. Sie werden fast alle Artikel finden, die Sie bei uns auch erwerben können. An Obst und Gemüse ist die Auswahl sehr groß, nur in manchen Gegenden ist es schwierig zum Beispiel Quark zu bekommen. Und Brot, richtig gut schmeckendes, bekommen sie auch überall. Aber oft Weißbrot, Vollkornbrot weniger, eher Brotsorten für Zahnlose. Ich rate daher evtl. zu einem guten Brotbackautomaten. In den Restaurants finden Sie überall Fast Food, McDonalds ist auch landesweit vertreten, aber auch viele andere Imbißketten. Doghnuts gibt es auch an jeder Ecke und Kaffee dazu, soviel Sie wollen, wenn auch vielerorts manchmal etwas zu durchsichtig geraten. Ein „richtiges" kanadisches Nationalgericht gibt es nicht, jeder der Einwanderernationalitäten hat seine eigenen Rezepte mitgebracht und alles scheint irgendwie vermischt. Mit gesunder Ernährung hat das oft nicht sehr viel zu tun. Wenn Sie einheimische Küche, oder das was man so nennen kann, probieren möchten, gehen sie in ein Lokal der Indianer. Fisch ist vor allem an der Küste auch sehr empfehlenswert. In den touristischen Zentren werden Sie Restaurants aller Nationalitäten vorfinden, massenhaft! Gepflegte, erstklassige Küche ist aber in ländlichen Gegenden nur sehr spärlich vertreten.

Textilien sind zum Teil bei uns günstiger und auch besser verarbeitet. Größere Textil-Fertigungsbetriebe gibt es überwiegend im östlichen Teil Kanadas, so dass auch weite Transporte hinzukommen. Bekannte Modedesigner hat Kanada auch nicht zu bieten. Aber Sie werden Markenkleidung jedes Designers auch in Kanadas Städten finden. In Outdoorausrüstung ist die Auswahl hier größer. Und wenn Sie viel Geld anlegen möchten, können Sie von den Indianern und den Inuit handgefertigte Kleidung und Anoraks erwerben. Man muss aber auf der Hut sein: Wenn Sie nicht bei den Ureinwohnern direkt, sondern irgendwo im Geschäft einkaufen, kann es sein, dass versucht wird, Ihnen billige Imitationen aus Fernost anzubieten, vor allem in touristisch gut besuchten Gebieten. Die Größenangaben unterscheiden sich von denen in Deutschland doch sehr. Neben bekannten XS/S/M/L/XL/XXL gibt es die amerikanischen Größenbezeichnungen. Damengröße 42 in Deutschland in einer Bluse ist z. B. Größe 34, deutsche Kleidergröße 38 ist hier Größe 10, bei Herrenhemden ist Größe 19 die Größe 15, bei Anzügen ist die Größe 50 die Größe 40. Bei Kinderkleidung wird es ungefähr nach dem jeweiligen Alter angegeben. Die Größe 152/158 ist z. B. die Größe 15. Manchmal fällt die Kinderkleidung aber etwas kleiner aus, als bei uns üblich.

Strom- und Wasserpreise, liegen weit unter denen bei uns (Wasser ist oftmals kostenlos). Strom wird überwiegend aus Wasserkraft gewonnen, ist also umweltfreundlicher als bei uns. Vielleicht deshalb wird oftmals nicht auf einen günstigen Stromverbrauch der Elektrogeräte beim Kauf geachtet.

Auch das, was wir als Gemeindeabgaben bezeichnen ist günstiger. Nicht immer werden Sie Wasseruhren vorfinden, dann berechnet die jeweilige Gemeinde einen Pauschalbetrag, bei dem manchmal noch zwischen privater und kommerzieller Nutzung unterschieden wird. Das ist leider für den allgemeinen Wasserverbrauch nicht positiv, der in Kanada sehr hoch liegt. Verständlich, wenn man nicht zum Sparen angeregt wird! In vielen Gebieten, vor allem außerhalb, sind die Häuser nicht an eine Wasserversorgung angeschlossen. Dann hat man große unterirdische Wassertanks, die man regelmäßig befüllen kann. Das heißt aber auch, man benötigt eine Pumpe, weil es ansonsten kein fließendes Wasser gibt! In solchen Fällen hat das Grundstück auch eine Klärgrube. Das bedeutet dann in den meisten Fällen, dass man ein **„outhouse“** hat. Das ist ein besseres mitteralterlich anmutendes Plumpsklo (manchmal sogar ohne Tür), das wir wohl nur noch aus Erzählungen unserer Großeltern kennen! Diese Toiletten sind meist nicht im Haus untergebracht, da es ansonsten vor allem im Sommer zu starken Geruchsbelästigungen der Bewohner kommen kann. In abgelegenen Gegenden kann es da schon einmal zu unliebsamen Begegnungen mit einem Bären kommen.

Sie werden in fast jeder, noch so abgelegener Gegend, Ihre **Kreditkarte** benötigen. Dieses "Plastikgeld" wird überall akzeptiert und man gewöhnt sich schnell daran, nicht mehr bar zu bezahlen, was leider auch seine Nachteile mit sich bringt.

Fast jede Firma und jedes Unternehmen hat inzwischen einen Internet-Anschluss und auch in kleineren Motels oder Lodges ist ein solcher inzwischen zu finden. Durch die oftmals doch sehr weiten Entfernungen ist dies sehr nützlich für den Umsatz bei niedrigem Kostenniveau.

Die **Postämter** haben ähnliche Öffnungszeiten wie bei uns, die Postgebühren sind etwas preiswerter als bei uns in Deutschland, aber leider auch nicht schneller, meine ich. Nach Übersee würde ich immer den Luftpostweg wählen, da Ihre Post ansonsten Wochen benötigt, um anzukommen. Bei der **Postzustellung** ergibt sich eine Besonderheit. Da die Wege für die Postboten ja recht weit sein können, gibt es Sammelbriefkästen außerhalb der Ortschaften. Diese sind an der Zufahrtsstraße positioniert für alle umliegenden Nachbarn, wobei natürlich jede Familie Ihren eigenen Briefkasten hat. Die kanadische Post gilt auch nicht gerade als die schnellste der Welt. Auf den Postämtern können Sie ein Postfach (P.O. Box) einrichten, in dem dann ihre Briefe eingelagert werden, falls der Weg für den Zusteller zu weit sein sollte, oder aber sie voererst noch keine feste Adresse vorweisen können. Dafür ist eine vorgeschriebene Beschriftung wie folgt vorgesehen:

Name des Empfängers
c/o General Delivery
Main Post Office
Stadt, Provinz
Canada PLZ

Banken sind überwiegend nur bis in den frühen Nachmittag geöffnet. Meistens können Sie eine Kreditgewährung/Kreditkarte erst nach 6-monatigem Aufenthalt in Kanada beantragen, da es ja noch keine credit checks von Ihnen in Kanada gibt. Am besten nehmen Sie für die erste Zeit Ihre Kreditkarte aus Deutschland mit. Sehr verbreitet sind hier Zahlungen per Scheck. Das mag für uns schon etwas rückständig erscheinen, aber man sollte sich den örtlichen Gepflogenheiten anpassen. Überweisungen sind nicht so bekannt im bargeldlosen

Zahlungsverkehr. Nachfolgend eine kleine Übersicht über die wichtigsten **Bankgebühren:**

Überweisung	$ 3.25
cheques + drafts	$ 6.50
Income wire payments	$ 14.00
Scheckrücklastschrift	$ 22.00
certified cheque own order	$ 7.00
certified cheque other	$ 4.00
Interim at a branch	$ 1.50
Interim mailed or faxed	$ 2,50
2-Jahres Notiz eines unben. Kontos	$ 15.00
5-Jahres Notiz eines unben. Kontos	$ 27.00

Anmerkung:

Eröffnen Sie gegebenenfalls schon vor Ihrer endgültigen Übersiedlung nach Kanada ein Konto bei einer kanadischen Bank und überweisen Sie monatlich einfach kleinere Geldbeträge. Zwei der größten Banken sind die **Royal Banc of Canada** und die **Banque of Montréal.** Wenn Sie in Kanada angekommen sind und einen Kredit benötigen sollten, kann die Bank einen credit check durchführen. Da aber nicht jede Bank Geschäftsbeziehungen zu Ausländern pflegt, sollten Sie sich vorher informieren. Falls Sie eine gefunden haben sollten, denken Sie bei den deutschen Behörden an eine mögliche Deklaration der Zinsgewinne.

Telephongespräche mit Firmen sind überwiegend kostenlos, wenn diese eine 0800-Vorwahl haben. Pre-paid Karten sind überall zu bekommen, obwohl sich die Minutenpreise von Anbieter zu Anbieter sehr unterscheiden können. Die allgemeine **Notrufnummer** in Kanada ist die 911. Kundenservice wird im übrigen aber überall groß geschrieben. Sie werden kaum eine Verkäuferin finden, die genervt ist, wenn sie das Geschäft ohne etwas zu kaufen verlassen, oder zu viele Fragen stellen, obwohl Sie nicht in jedem Laden eine gelernte Kraft antreffen werden. Oft sind es nur angelernte Kräfte, wie in vielen anderen Berufszweigen ebenso.

Bei geplanter Mitnahme von **Videogeräten** sollten sie sich vorher noch einmal bei einem guten Fachhändler informieren, da Sie in Kanada ein anderes Videosystem (NTSC-Bildstandard des TV-Gerätes) vorfinden werden und da das Überspielen Ihrer Filme in das andere System zwar möglich, aber doch teuer ist. Möglicherweise sollten sie in Ihre Überlegungen einbeziehen, Ihr TV/Videogerät zu verkaufen.

Die **Mietpreise** liegen ebenfalls unter denen in Deutschland. Annonciert wird in den Zeitungen immer 1-bedroom oder 3-bedroom, etc. Dies bedeutet die Anzahl der Schlafräume, immer zuzüglich fest eingebauter Küche, Bad, wobei nicht immer eine Badewanne vorhanden ist (und wenn, meist kleiner als bei uns) und Wohnzimmer. Eine Bachelor-Suite ist eine kleine Junggesellenbude. Condo (Abk. für Condominium) ist eine Eigentumswohnung, Duplex steht für ein Doppelhaus. Die Einrichtungsgegenstände der Bäder sind mit z. B. 3 pieces bezeichnet, dann weiß man: Waschbecken, Toilette und Dusche sind vorhanden. Überwiegend werden die Wohnungen mit Gas geheizt, Ölheizungen sind nicht weit verbreitet. Schauen Sie doch einmal auf die Internetseiten der Makler, um sich über die aktuellen Mietpreise zu informieren. Vom Vermieter werden meist drei Monatsmieten im voraus verlangt, wobei eine die erste Miete, eine die Miete des letzten Monats und eine die Kautionszahlung ist, die der Vermieter für einen evtl. durch Sie verursachten Schaden einbehält. Die Kautionszahlung ist also nicht so hoch wie bei uns , wo ja meist 3 Monatsmieten verlangt werden Meist sind die Mieten nicht so günstig, als wenn Sie im eigenen Haus wohnen würden. Vorab ein paar **Mietpreisbeispiele aus British Columbia:**

3 bdrm, Kü, 2B	Watson Lake	$750,00
3 bdrm, Kü, 2B	Vancouver, North	$1.125,00
2 bdrm, Kü, 2B	Quesnel	$650,00
4 bdrm, Kü, 3B, carport	Nakusp	$1.050.00
Mobile Home, 2 bdrm, Kü, B	Prince George	$480,00
Haus, 4 bdrm, Kü, 2B	Castlegar	$1.075,00
Penthouse, 2 bdrm, Kü, B	Vancouver	$1.050,00

Eine Besonderheit ist das Wohnen in Trailern, sogenannten **Mobile Homes**, manchmal auch mit den verschiedenartigsten Anbauten *den* oder *attachement*. Diese sind relativ preisgünstig, sowohl beim Kauf als auch bei der Bemessung der Miete. Bei uns wahrscheinlich noch nicht einmal als Gartenhaus genehmigt, gibt es diese Art des Wohnens im ganzen Land. Von gesunder, ökologischer Bauweise kann man sowieso nicht sprechen. Alles besteht aus Holz und Kunststoff, oft mit einem Blechdach. Falls man solch ein Mobile Home sein eigen nennen kann,

kann man dieses in einem beliebigen Trailerpark abstellen. Dort hat man einen Wasser- und Abwasseranschluss und Strom wird auch bereitgestellt. Oft ist noch ein Stückchen Grün drumherum. Man kann - praktisch gesehen - mit seinem Haus umziehen, wenn man den Trailer gekauft hat. Allerdings ist der Platz innen begrenzt und für eine größere Familie nicht unbedingt sehr angenehm.

Eine kanadische Firma hat jetzt sogar ein richtiges Haus aus Pappe, ja Sie haben richtig gelesen, hergestellt. Kostet beim 36 m² großen „Familienmodell“ nur schlappe US $ 5000. Es soll sogar diesen enormen Schneebelastungen standhalten, obwohl es eher für Feriensiedlungen, etc. geplant worden ist.

Mietwohnungs-Wörterverzeichnis

Unterkunftsart	Bedeutung
Bachelor Suite	Appartement für Singles
Duplex	Doppelhaus
Tenant	Mieter
Lesee	Pächter
Rentals	Miete (monatlich oder wöchentlich zahlbar=
Shared Accommodation	ähnlich einer Wohngemeinschaft
Utilities	öffentliche Versorgung wie Strom und Wasser, Erdgas. Telephon, etc.
Adult oriented	keine Kinder

Häufig verwendete Abkürzungen in Inseraten

A

a/c	air condition	appl	appliance
accom	accommodation	approx	approximately
amp	amplifier	apt	appartement

B

bathrm	bathroom	bbq	barbecue
bdrm	bedroom	bkgrd	background
bld	building	blvd	boulevard
bsmt	basement	brd	board

C

cab	cabinet	c.h.	central heating
cond	condition	condo	condominium
cpl	couple	c/w	complete with

D

dbl	double	dlx	deluxe
doz	dozen	drps	drapes
dw	dishwasher		

E

enste	en suite	expt	experienced
exc	excellent	ext	exterior

F

f	female	furn	furnished
fac	facilities	f/t	full time
fp	fireplace	fwd	forward

G

gdn	garden	grnd	ground
gen	generator	guar	guarantee

H

h	height	htg	heating
hse	house	htr	heater

hshld	household	h/w	hot water

I

ie	for example	inq	inquiries
incl	include	intl	international
isld	island		

J

jr	junior

K

K&B	kitchen and bath	KS	Kingsize

L

lge	large	LR	livingroom
lino	linoleum	lt	limited

M

m	male	mo	month
m/c	married couple	mtge	mortgage

N

N/D	non-drinker	nr	near
nec	necessary	N/S	non-smoker
neg	negotiable	N/P	no pets

O

obo	our best offer	o/r	own room
ono	or nearest offer	outdr	outdoor
opt	option		

P

pce	piece	pls lv msg	please leave a message
p/t	part time		
pd	paid	porc	porcelain
pdl	power door locks	prpn	propane
perc	perculator	pkg	package
pwr	power		

Q

QH	Quarterhouse	qt	quart
QS	Queensize		

R

rad	radiator	rect	rectangular
rcnt	recent	ect	rectangular
Rd	road	ef	reference
reblt	rebuilt	reqd	required
rec	recreational	rm	room

S

SB	small block	sew	sewage
sbs	side-by-side	sgl	single
s/c	self-contained	slp	sleeps
sep	separate	ste	suite
stv	stove	sz	size
sunrf	sunroof		

T

tbl	table	trlr	trailer
therm	thermostat		

U

unfurn	unfurnished	util	utilities

V

v	very		

W

w	with	wk	week
W&D	washer and dryer	w-w	wall to wall
whl	wheel		

SONSTIGES WISSENSWERTES

Die kanadische **Währung** ist ähnlich untergliedert wie die Deutsche. Es gibt can$-Scheine zu 2 (alt und selten, rot), 5 (blau), 10 (lila), 20 (grün), 50 (rot), 100 (braun), 500 und 1000 (lila), wobei demnächst die 1000er nicht mehr gedruckt werden sollen. Münzen existieren in folgenden Prägungen: 1 Cent (Penny), 5 Cent (Nickel), 10 Cent (Dime) und 25 Cent (Quarter), äußerst selten bekommt man 50 Cent und 1 Can$ (Looney) zu sehen. Die 2-Dollar-Münzen nennt man „toonies". Zur Zeit ist der Wechselkurs 1 can $ = 1,4436 DM (*Stand Mai 2000*)

Ein wichtiges Thema, über das Sie sich informieren sollten sind die **Bären** Kanadas. Sie können dem Mensch recht gefährlich werden, beachtet man nicht, dass der Mensch in ihren Lebensraum eindringt und nicht umgekehrt.

Man sollte sich an ein paar Regeln halten und ein gewisses Maß an Sorgfalt einhalten. Wenn Sie campen, bewahren Sie nie Vorräte in einem Zelt auf, noch nicht einmal Kaugummi. Hängen Sie den Proviant am besten etwas vom Lager entfernt an einen höher gelegenen Ast eines Baumes. Hinterlassen Sie keinen Müll, nehmen Sie alles wieder mit, sofern sich keine Mülleimer in der Nähe befinden. Vergraben Sie nicht die Essensreste und machen Sie nie den Fehler, einen Bären zu füttern. Wenn Sie in einsamen Gegenden gegen den Wind wandern, unterhalten Sie sich laut, binden Sie ein kleines Glöckchen an Ihren Schnürsenkel, welches Ihr Kommen dem Bären ankündigt, o. ä. - Bären sehen schlecht, hören aber umso besser. Falls Sie doch einmal in eine brenzlige Situation kommen sollten, geben Sie dem Bären Gelegenheit zum Rückzug. Aber laufen Sie nie vor ihm davon!

Es gibt drei Arten von Bären hier: Eisbär, Schwarzbär und die gewaltigen Braunbären. Der Eisbär kommt nur in den arktischen Gebieten vor, Grizzlies an der Westküste, in Hochtälern der Rockies und in der arktischen Tundra. Wegen der ehemaligen Verfolgung durch den Mensch haben sie sich weit zurückgezogen. Grizzlies sind sehr scheue Tiere. Ganz anders der **Schwarzbär**. Er ist ein sehr neugieriger, gefräßiger Genosse. Allzeit hungrig, schnüffelt er abends schon mal durch einen Campingplatz oder überquert einen Highway. Er ist kleiner und leichter als sein Artgenosse, der Grizzly. Aber das ist nicht das einzige Unterscheidungsmerkmal: Der Schwarzbar hat seine höchste

Körperhöhe oberhalb seiner Hinterbeine, der Grizzly aber in Höhe der Vorderbeine amÜbergang vom Rumpf zum Nacken.

Der **Grizzly** ist ist nur eine Unterart der Braunbären und kann weit über 300kg schwer und bis zu 250cm lang werden. Hochaufgerichtet ist er wahrhaftig überaus angsteinflößend. Er ist ein schneller und vor allem ausdauernder Läufer und besitzt „Bärenkräfte". Grizzlies halten Winterschlaf. Er ist ein sehr intelligenter Zeitgenosse, der einen Großteil des Tages mit Spielen verbringt (Spielen ist ein Ausdruck der Intelligenz). Man hat festgestellt, dass jeder Grizzly über eine nur ihm eigene Persönlichkeit verfügt und keiner dem anderen gleicht. Er ähnelt uns Menschen ebenfalls im Gebrauch seiner Tatzen, die er sehr geschickt einzusetzen vermag.

Auto / Führerschein

FÜHRERSCHEIN

Als Tourist können Sie 6 Monate mit Ihrem deutschen Führerschein in Kanada fahren, der internationale Führerschein ist ein Jahr lang gültig. Sofern Sie als Tourist Ihr eigenes Auto mit nach Kanada bringen möchten, können sie sich über evtl. versicherungstechnische Probleme unter folgender Adresse Rat und Auskunft einholen:

Driving in Canada
Insurance Bureau of Canada
181 University Ave.
Toronto, ON
Canada M5H 3M7

fon (416) 362-9528

Wenn Sie aber die ständige Aufenthaltsgenehmigung erhalten haben, unterliegen Sie dem kanadischen Recht und müssen Ihre Fahrlizenz neu erwerben! Dieses ist absolut paradox, wenn man weiß, wie aufwendig der Erwerb unseres deutschen Führerscheins ist. Ich werde Ihnen den Vorgang des Neueerwerbs anhand den Bestimmungen British Columbias erläutern:

Sie gehen zu einem der **Driver Services Centres** und melden sich an, das kostet Sie $10. Dort erhalten Sie die theoretischen Unterlagen, die Sie mitnehmen und zuhause durcharbeiten. Wenn sie sich für eine Prüfung fit genug fühlen, gehen Sie wieder dorthin zurück und legen einen Multiple Choice-Test ab. Dieser kostet Sie $15 und Sie benötigen keinen festen Termin für den Test. Wenn Sie ihn bestanden haben, bekommen Sie ein Schild ausgehändigt mit einem großen roten „L", welches Sie an dem Auto anbringen müssen, in dem Sie fahren und die sogenannte **Learner's Licence**, auf deren Rückseite der frühest mögliche Termin zum Road-Test vermerkt ist. Und schon dürfen Sie loslegen. Sie dürfen aber nur dann ein Auto führen, wenn ein mindestens 19-jähriger, der im Besitz eines gültigen Führerscheines ist, neben Ihnen sitzt zuzüglich maximal eines Passagieres. Außerdem nur zwischen 5 Uhr morgens und Mitternacht!

Anschnallpflicht gilt überall. Innerhalb eines Jahres und frühestens nach 6 Monaten müssen Sie sich dann zur **praktischen Fahrprüfung** anmelden, wiederum beim Driver Services Centre. Falls Sie an einem Driver Education Course der ICBC (Insurance Corporation British Columbia) teilnehmen, kann diese Zeit auf 3 Monate verkürzt werden. Für die Prüfung müssen Sie vorher einen Sehtest machen, sowie einen medizinischen Fragebogen ausfüllen, evtl. benötigen Sie noch eine Untersuchung beim Hausarzt - deren Kosten von der Krankenversicherung nicht übernommen werden. Danach absolvieren Sie eine Autofahrt unterschiedlicher Länge. Kostenpunkt $35. Wenn Sie diesen Straßentest bestanden haben, besitzen Sie eine der ersten Plastikkarten, die Ihnen in vielfältiger Ausführung noch überall begegnen werden.

Der Führerschein ist eine äußerst wichtige Karte für Sie, denn er ist der erste Grundstein zur Identifikation für Sie, ohne gleich immer die Einreisepapiere zücken zu müssen. Sie besitzen nun den Führerschein auf Probe und müssen immer noch mit dem roten L an ihrem Auto fahren - 18 Monate lang (Intermediate Stage). Sie dürfen keine Verstöße im Zusammenhang mit Alkohol begehen und dürfen auch innerhalb der letzten beiden Jahre nicht mehr als 3 Unfälle, auf die es Strafpunkte gab, verursacht haben. Nach 18 Monaten können Sie dann den zweiten Fahrtest ablegen und bekommen danach eine full licence. Diese kostet dann noch einmal $50. Sie benötigen also insgesamt 24 Monate, um alle Stufen zu durchlaufen und „wieder" im Besitz einer allseits gültigen Fahrlizenz zu sein. Alles in allem gesehen, ist der Erwerb des Führerscheins einfacher und vor allem weitaus günstiger als in Deutschland.

Anmerkung

Für die Anmeldung benötigen Sie beglaubigte Photokopien zur Identifikation zweifacher Art. z. B. Geburtsurkunde und Visa, oder Visa und Pass, etc.

Das ganze Procedere müssen Sie auch durchlaufen, wenn Sie von einer anderen Provinz nach British Columbia umziehen, auch wenn Sie dort vorher eine Driver's Licence erworben haben! Es sei denn, sie halten sich weniger als 180 Tage im Jahr in B. C. auf. Dann gelten die Bedingungen an Ihrem anderen Wohnsitz.

Der kanadische Führerschein ist auch wie bei uns in verschiedene Klassen unterteilt. Es wird dabei unterschieden in eher private Nutzung und berufliche Kraftfahrtätigkeit.

Die Klassen 5 und 7 berechtigen zum Führen eines Mopeds bis 50ccm, von PKW's, motorhomes, Fahrzeuge bis 4,6t. Diese können auch mehr als 2 Achsen besitzen. Die Klassen 6 und 8 berechtigen zum Führen eines Motorrades und PKW's. Beide Führerscheine kann man mit 16 Jahren erwerben.

Die Klassen 1 - 4 gelten für das berufliche Führen von Bussen, Taxis, LKW's, etc. und können erst ab einem Alter von 19 Jahren erworben werden (Fahrprüfungen kosten in der Klasse 4 auch nur $40, die der Klassen 2 und 3 jeweils $50 und die der Klasse 1 $60). Mit der Klasse 5 kann man auch Schulbusse oder Taxi fahren, sofern man weniger als 10 Personen, sich selber eingeschlossen, befördert.

Mein Tip

Am besten beantragt man sofort nach Ankunft den Führerschein. Wenn es möglich ist, geben Sie Ihren alten nicht ab (man kann angeben, man hat keinen, verloren, etc. - bei einer Kontrolle können sie dann z. B. den internationalen oder dern nationalen Fahrausweis vorzeigen). Sie können dann auch alleine fahren und können auch Ihrem Partner Fahrunterricht geben.

Der Ersterwerb des Führerscheins ist 2 Jahre gültig, die Verlängerung kostet dann $17, die weiteren Verlängerungen alle 5 Jahre kosten $40. Für Personen, die älter als 65 Jahre kostet es $17, sowie sind die medizinischen Untersuchungen dann kostenfrei. Für Personen ab 80 Jahre gibt es besondere Auflagen, die Sie aber im Bedarfsfall beim Driver Services Centre erfragen können.

Innerhalb ganz Kanadas müssen sie auch am Tag mit Licht fahren. Auf den Highways dürfen sie 90/100 kmh oder 60mph schnell fahren. Innerhalb Ortschaften gilt eine Geschwindigkeitsbeschränkung von 50 kmh oder 30 mph, außerhalb Ortschaften 80kmh, sofern Ihnen Schilder nichts anderes vorschreiben. Geschwindigkeitsübertretungen können sie äußerst teuer zu stehen kommen. Wenn an einer Kreuzung die Ampelanlage grün blinkt, hat der Gegenverkehr rot und Sie dürfen nach links abbiegen. Strafzettel müssen Sie innerhalb 30 Tagen bezahlen. So etwas ähnliches wie die **Verkehrssünderkartei** bei uns gibt es auch in Kanada. Arbeitgeber können dort Kopien der driving records ihrer Berufskraftfahrer kostenfrei erhalten. Für erhaltene Punkte muss man leider zusätzlich zum Strafzettel noch einmal jährlich kurz vor seinem Geburtstag bis zu Ihrem Abbau zahlen, dieses Geld kommt aber dann wenigstens direkt dem autoplan fund, der Schulung der Autofahrer, organisiert von der ICBC, zugute. Beachten sie auch bitte, dass Ihnen immer wieder einmal freilebende Tiere auf der Fahrbahn begegnen können. Daher seien Sie auf der Hut und halten Sie sich an bestehende Geschwindigkeitsregelungen - das ist billiger.

AUTOKAUF UND VERSICHERUNG

Der Autokauf ist nicht ganz so einfach wie bei uns. Man kann noch leichter über's Ohr gezogen werden, wenn man nicht genügend aufpasst. Zur Veranschaulichung habe ich auch dieses Verfahren am Beispiel British Columbias aufgeführt.

Über Unfälle des jeweiligen in Erwägung gezogenen Autos kann man beim Vehicle Records Department Nachforschungen anstellen. Dort sind alle Unfälle des Fahrzeuges gelistet und eine Recherche kostet $16,05. Die Besitzverhältnisse sowie die Belastungen auf dem Auto können Sie über das Personal Property Registry's Office in Victoria oder über jedes Driver Services Centre oder aber über ein Government Agent's Office erfragen. Die Nachforschungskosten belaufen sich hier auf $10. Seien Sie auf der Hut bei voreiligen Käufen, sonst kann es ihnen passieren, dass die Bank des Vorbesitzers Ihr neu gekauftes Auto pfändet. Bei Händlern kommt die Bundesumsatzsteuer GST und die Provinzsteuer PST noch hinzu.

Die überwiegenden Automodelle haben nicht gerade einen sprasamen **Benzinverbrauch**, obwohl es auch schon viele treibstoffsparende Autos gibt. Dafür ist das Benzin auch weitaus billiger als bei uns. TÜV gibt es in dieser Form wie bei uns nicht. Die Abgassonderuntersuchung ASU ist in Kanada dem Verfahren hier in Deutschland ähnlich. Falls z. B. Ihre

ASU (Air Care) abläuft und sie einige Zeit zur Reparatur benötigen, wenden sie sich an die Versicherung, die Ihnen dann eine Zeit von 3 Monaten gewährt. Im hohen Norden wird Ihnen ein Stecker vorne an der Motorhaube auffallen. Daran kann man externe Hilfsmittel anschließen, um bei der extremen Kälte keine Startprobleme zu haben.

Nur der Autobesitzer kann sein Auto auch versichern. Es gibt nur eine **Pflichthaftversicherung**, in British Columbia ist es die ICBC. Schadensfreiheitsrabatte sowie unterschiedliche Gefahren- und Regionalklassen gibt es auch. Ich rate Ihnen daher, lassen Sie sich Ihren Schadensfreiheitsrabatt von Ihrer alten Versicherung in Deutschland bestätigen. Dann wird meistens dieser auch in Kanada von der Versicherung übernommen und weitergeführt. Wenn Sie von einer Provinz in eine andere umziehen, müssen Sie den Provinzwechsel der Versicherung innerhalb 30 Tagen anzeigen. Dieses update können Sie beim autoplan broker sofort erhalten zzgl. Sticker mit neuer Adresse für die Rückseite des Führerscheins. Falls Sie etwa ein Auto außerhalb British Columbias erwerben, läuft eine Frist von 10 Tagen, in der Sie das Auto in B.C. versichern können. Dazu benötigen Sie die Bill of Sale (Kaufvertrag). Ein Adressenwechsel ist bei der zuständigen Registrierungsstelle anzuzeigen:

* The Registrar of Drivers and Vehicles
  P.O. Box 5050
  Station Terminal
  Vancouver, BC
  Canada V6B 9Z9

Wenn Sie Ihr Auto verkaufen möchten, händigen Sie dem Käufer Ihre Vehicle Registration und die Transfer/Tax Form aus und gehen Sie zum Autoplan broker Ihrer Versicherung, der dann den Transfer Ihres Wagens bescheinigt. Eine Besonderheit ist, wenn Sie einen Unfall mit einem in B.C. gemeldeten Wagen außerhalb der Provinz haben und Sie sich gleich einen anderen, gleichwertigen Wagen kaufen, zeigen Sie dies der Versicherung an, dann können Sie bis zur Ummeldung mit Ihrem alten Versicherungsschein weiterfahren. Auch hier gilt die 10-Tage-Frist. Jede Adressenänderung ist der Versicherung natürlich ebenfalls anzuzeigen. Die Versicherungsdeckung gilt auch innerhalb der USA. Schutzbriefe gibt es ebenfalls. Ein Unfall ist dem Driver Services Centre unverzüglich mitzuteilen.

Immobilien und Grundstückskauf

Als Ausländer können und dürfen Sie in Kanada Grundstücke und Immobilien aller Art erwerben. Sie müssen dafür auch nicht in Kanada leben. Grund- oder Immobilienbesitz ist allenthalben kein Grund zur Einwanderung und eine Genehmigung zur Einwanderung wird nicht nur deswegen vergeben. Das sollten Sie beachten. Die allgemeinen Immobilienpreise liegen unter den deutschen Marktpreisen. Sie können in Kanada noch ein sehr großes Grundstück außerhalb den Städten zu überaus günstigen Preisen erwerben. Allerdings muss man bei einem erwogenen Kauf mehrere Dinge beachten. Fast alle Verkäufe laufen über Makler, sogenannte **Real Estate Agents**. Dort erhalten Sie umfangreiche Kataloge über Immobilien und Grundstücke. Auch in den Tageszeitungen wird mit zum Teil ganzseitigen Inseraten geworben. Alle Häuser sind abgebildet, man kann sich schon vorab ein Bild machen. Das wäre in Deutschland fast unvorstellbar, ist in Kanada aber die Regel. Zu jeder Zeit stehen eine Menge Häuser zum Verkauf - manchmal scheint es so, als ob die Hälfte der Kanadier ständig umzieht.

UNBEBAUTE GRUNDSTÜCKE (Lot/Acreage)

Wenn sie in Deutschland ein **Baugrundstück** kaufen, zahlen Sie meist vorher festgelegte Erschließungskosten für Wasser/Abwasser, Stromanschlusskosten sowie den Telephonanschluss. All das sind Kosten, die überschaubar sind. Dies ist in Kanada anders. Sehr oft obliegt es gerade außerhalb stark besiedelter Gebiete dem Eigentümer, sich um die Wasser-/Abwasserversorgung, sowie Stromanschlüsse, etc. zu kümmern. Das bedeutet aber auch evtl., der nächste Punkt, von dem aus Sie sich einen **Stromanschluss** legen lassen können, ist vielleicht 100 Meilen entfernt! Wenn Sie dann nicht auf einen Generator ausweichen wollen, können die Kosten leicht auf mehr als die eigentlichen Grundstückskosten anwachsen. Oft ist man auch nicht an eine **Wasserversorgung** angeschlossen, das bedeutet dann ein Wassertank, der in gewissen Abständen mit Frischwasser aufgefüllt wird, eine überprüfte Kläranlage anzulegen, weiter weg vom Wohngebäude, outhouses als Toiletten, evtl. mittels teurerem Pumpensystem Wasserspülung-Toiletten im Haus, etc. Also sollten Sie sich vorher schon klar darüber werden, ob Sie die Annehmlichkeiten der städtischen Zivilisation haben möchten mit überschaubaren Kosten - dafür aber etwas höhere Grundstückspreise und nicht ganz so groß dimensioniert - oder ob Sie für das Leben inmitten der großartigen Natur auf einige Annehmlichkeiten verzichten wollen.

Auch müssen Sie darauf achten, ob und auf welche Art Ihr Grundstück einen **Zugang** besitzt. Nicht alle Grundstücke haben eine Zufahrtsstraße, manche sind nur im Sommer erreichbar, manche nur mit Genehmigung des angrenzenden Grundstückbesitzers, manche sind nur mit dem Flugzeug erreichbar, usw. Eine Straßenzufahrt auf eigene Kosten, wenn sie denn genehmigt würde, kann überaus teuer zu stehen kommen.

Dann sollten Sie abklären, ob vielleicht **Minenschürfrechte** an dem Land bestehen, ob unterirdische **Gas- oder Erdölleitungen**, oder aber **Stromleitungen** sich über das Grundstück erstrecken. Das alles ist komplizierter als in Deutschland, wo uns diese Aufgaben doch von den Behörden im weitesten Sinne abgenommen werden. Nun müssen Sie nur noch abklären, ob das Gebiet möglicherweise eine **Special Management Area SMA** (ob Straßenbau , Park, Naturschutzgebiet, etc. geplant) ist oder in Zukunft wird und das Zoning (Einteilung in industrial/industrielle Nutzung, commercial/kommerzielle Nutzung, commercial mix, residental/Wohnhäuser und recreational/z. T. nicht ganzjährig bewohnbar). Das **zoning** ist unter gewissen Voraussetzungen wechselbar. Sie sollten sich zudem über die Höhe der jährlich zu entrichtenden Grundsteuern kundig machen. Im Grundbuch sind alle ehemaligen Besitzer sowie der letzte Veräußerungspreis eingetragen. In Städten werden zusätzliche Gemeindesteuern erhoben, beachten sie bitte auch dieses.

Nähere Informationen erhalten Sie über den Makler. Sie sollten sich aber rückvergewissern. Auskünfte über SMA erhalten Sie beim **Protected Area Secreteriat,** ob Schürfrechte bestehen oder nicht erfahren Sie über den zuständigen **Mining Recorder** und den Landstatus erfahren Sie beim **Land Resources Branch of DIAND**, diese Regierungsabteilung von BC finden Sie auch im Internet unter ***www.luco.gov.bc.ca*** .Auch der Notar wird Sie beraten. Schließen Sie keinen Kaufvertrag ohne Anwalt ab.

Ich kann Ihnen auch den Rat geben, nicht über einen in Deutschland tätigen Makler ein Grundstück oder eine Immobilie zu erwerben. Diese sind überwiegend überteuert. Auch über Landsleute in Kanada, die ihr Haus verkaufen möchten, sollten Sie die Finger lassen. Wir zumindest haben mit solchen „einmaligen Angeboten“ schlechte Erfahrungen gemacht. Sie bekommen in Kanada durchaus ein weit größeres Grundstück mit Wohnhaus für weit unter 100.000 can. Dollar! Nach oben sind dem keine Grenzen gesetzt. Aber für $300.000 bekommen Sie ein luxuriöses großzügig bemessenes Haus mitteleuropäischen Standards - einzugsfertig! Das Internet bietet auch hier vielfältige Möglichkeiten zu einem ersten Einblick über Preise und die verschiedensten Varianten.

* *www.mls.ca* (diese Seiten sind ein Maklerverbund mit allenLandesteilen, die Sie gezielt auswählen und durchforsten können. Die dort angebotenen Grundstücke und Immobilien sind marktgerecht im Preis - nach meiner Auffassung, mit Abbildungen versehen und mit einem Ansprechpartner)
* *www.landquest.com*
* *www.atlinrealty.ca (Herr Lemke spricht Deutsch)*

Anhand des Yukons möchte ich Ihnen noch den unterschiedlichen **Status** des möglichen Grundstücks näher erklären. Dort gibt es

* **Privately Land/fee simple land** - wird meistens über einen Makler verkauft und hat einen eingetragenen Besitzer,

* **Crown Land** - Land im Besitz der Bundesregierung / alles Land außerhalb der First Nations Settlement Land Boundary / Land außerhalb den Gemeinden / National Parks / nimmt ca. 85% der Fläche des Yukons ein, bei Veräußerung durch den Bund kann man es nur als kanadischer Staatsbürger erwerben,

* **Commissioner's Land** - territoriales Gebiet der Provinzregierung / Grundbesitz der Gemeinden / Provinzparks / zum Teil auch Grundstücke im Privatbesitz / nimmt ca. 1,5% des Areals ein,

* **Settlement Land First Nations** - Land unter der Hoheit der Indianer / wenn die Verträge endgültig geschlossen sind, wird dies 9% der Fläche des Yukons ausmachen / bei kommerziellen Vorhaben

werden die First Nations immer angehört, daher sollte man sich frühzeitig mit ihnen in Verbindung setzen, falls man ein solches Projekt plant / wird nochmals unterteilt in Kategorie A - *subsurface rights* und in Kategorie B - *surface rights*.

Bei bestimmten Vorhaben kommerzieller Art, wird es vielleicht notwendig sein, crown land zu gebrauchen. Außer dem Kauf gibt es noch die Möglichkeit zur Nutzung. Dazu benötigt man allerdings eine Erlaubnis (Land Use Permit). Diese kann man dann bei der zuständigen Stelle der Regierung für eine kurze oder aber eine längere Zeit beantragen. Beim Kauf gehen alle Rechte auf den neuen Eigentümer über, bei einer langfristigen Pacht haben Sie u. a. das Recht, anderen Personen den Zutritt zu verweigern (die Pacht beträgt dann 10% des geschätzten Wertes), oder aber eine für kurze Zeit gültige licence, bei der Sie das Recht haben, z. B. für Elektrizität, Wasseranschluss o. ä. zu sorgen.

Wenn Sie dies alles abgeklärt haben, sowie ob das Land eingetragene Grundschulden aufweist, ob der Untergrund für das Anlegen einer **Klärgrube** (sewer/sewage system) geeignet ist, ob es durch die Nähe zu Flüssen oder Seen zu feucht ist, ob ein Straßenbau in der Nähe geplant ist, ob die Stromversorgung, Schulbusanbindung gegeben ist, etc. können Sie über einen Anwalt/Notar einen Kaufvertrag abschließen. Einen Preisvergleich anhand des Marktes sollten Sie ebenfalls unter keinen Umständen übergehen.

Dazu einige **Preisbeispiele von Grundstücken** der unterschiedlichsten Lagen im Westen Kanadas:

Fredericton, NB,	2ac	$12.500
Atlin, BC,	36ha	$62.000
Canmore, AB,	20 ac	$18.600
100 Mile House,BC,	0,47ac, waterfront	$89.900
100 Mile House,BC,	10,15ac, waterfront	$35.000
Horse Lake, B C,	0,93ac, waterfront	$7.000
Mayo, YT,	4,3ac	$28.800
Arrow Lake, BC,	16,85ac, waterfront	$450.000
Stuart Lake, B C	24,25ac, waterfront	$29.500

PRIVATE IMMOBILIEN

Auch in diesem Bereich gibt es eine Vielzahl von Möglichkeiten. Vom einfachen Mobile Home, das doch sehr günstig ist, über ein gut ausgestattetes Wohnhaus bis hin zur großen Nobelvilla. Dabei gilt auch hier: Lassen Sie sich nicht über den Tisch ziehen - es gehört außer dem der zieht, immer einer der sich ziehen läßt, dazu ! Seien Sie genauso sorgfältig wie Sie es in Deutschland bei der Wahl Ihres Wohnhauses wären. Wägen Sie alle Vor- und Nachteile des Objektes genauestens ab. Wenden Sie die gleichen Kriterien wie bei der Grundstücksgröße an, usw. !

Überlegen Sie, wenn Sie sich noch nicht völlig sicher sind, in welcher Gegend Sie sesshaft werden wollen, ob Sie nicht eine Wohnung oder ein Haus zuerst einmal mieten sollten, oder ob Sie sich vielleicht vorerst ein preiswertes Mobile Home zulegen möchten (dies kann man auch ohne Grund und Boden käuflich erwerben), oder ob Sie evtl. selber ein Haus bauen möchten. Auch sollten Sie die Wege zum Einkaufen, für Behördengänge, die Nähe zu Schulen und zum Arbeitsplatz bei ihrer Vorauswahl berücksichtigen. In Kanada findet man oft Häuser mit drei und noch mehr Bädern (fast für jeden Schlafraum eines), überlegen Sie, ob Sie dies wirklich benötigen. Vielleicht wäre es für Sie wichtiger, den Platz und/oder die damit eingesparten Kosten sinnvoller nutzen zu können. Die Angebote außerhalb den Städten sind auch meist preiswerter als in direkter Stadtlage. Wägen Sie auch ab, ob evtl. Raum genug da ist, um sich vielleicht selbständig machen zu können, wenn Sie das für die Zukunft ins Auge gefasst haben sollten.

Hier einige **Preisbeispiele von Wohnhäusern** der verschiedensten Lagen:

Smithers, B.C.	3bdrm house, older	$94.000
Kelowna,B.C.	2bdrm condo	$164.000
Moncton, NB	4bdrm house	$114.900
Mobile Home, NWT	im Trailer Park, 2bdrm	$33.000
Calgary, AB	4bdrm house, new	$289.000
Mississauga, ON	3bdrm house	$114.000

Die Preise können überaus variieren: Preisunterschiede ergeben sich aus Lage, Bauart, Infrastruktur, Freizeitmöglichkeiten und Ausstattung.

GESCHÄFTSIMMOBILIEN / INVESTITIONSOBJEKTE

Für Geschäftsimmobilien-Investments sind nach meiner Meinung sicherlich der Großraum Toronto, sowie die Areale um Oshawa bis Burlington entlang dem Ontario-See und Markham/Newmarket im Norden vorzüglich geeignet. Für Grundstücke mit hohem Freizeitwert der Norden Ontarios und vor allem in den westlichen Landesteilen die Provinz British Columbia. Wenn Sie einverstanden sein sollten mit einer evtl. Teilautonomie - oder aber sogar einer Abspaltung der Provinz vom Bundesgebiet, sicherlich auch Québec. Manitoba und Sasketchewan, teilweise auch Alberta, eignen sich für Farmkenner und Farmliebhaber. Allerdings sollten weiträumige und hervorragende Sachkenntnisse vorliegen.

Für alle diese Entscheidungen sollten Sie aber professionelle Hilfe der ansässigen Anwälte oder Steuer-/Unternehmensberater suchen und sich ausgiebig beraten lassen. Investitionen in Immobilien-Pools werden seit geraumer Zeit unter staatliche Aufsicht gestellt, damit es für den potentiellen Investor auch lukrativ ist, sein Geld in Kanada gewinnbringend anzulegen und nicht mit seiner Investition findigen Anlagebetrügern aufgesessen zu sein. Wenn Sie also Ihre Einwanderungsgenehmigung mittels Investition eines größeren Geldbetrages erhalten wollen, können Sie sich auch vertrauensvoll an die **Investitionsabteilung der kanadischen Botschaft** wenden. Dort werden Sie umfassend und objektiv beraten. Weitere Beratungsadressen können Sie bei den jeweiligen Provinzregierungen vorfinden und sind nachstehend aufgeführt.

* Alberta:	Alberta Eco. Dev. and Tourism 4th Floor, Commerce Place 10155-102 Str. Edmonton, AB Canada T5J 4L6
* British Columbia:	British Columbia Trade and Investment 999 Canada Place Vancouver, BC Canada V6C 3E1
* Manitoba:	Manitoba Dept. of Industry

Carlton Street, 5th Floor
Winnipeg, MB
Canada R3C 3H9

* Nfl. und Labrador: Government of Nfl. and Labrador
Dept. of Development and Tourism
P.O. Box 8700
St. John's , NFL
Canada A1B 4J6

* Novia Scotia: Novia Scotia Economic Renewal Agency
P.0. Box 519
Halifax, NS
Canada B3J 2R7

* Ontario: Ontario Ministry of Economic Dev. and Tourism
900 Bay St., Hearst Block, 5th Floor
Toronto, ON
Canada M7A 2E1

* Pr. Edward Island: Enterprise Prince Edward Island
West Royalty Industrial Park
Canada C1E 1B0

* Québec: Investment Québec
2001 McGill College, 7th Floor
Montréal, PQ
Canada H3A 1G1

* Sakatchewan: Saskatchewan Econ. & Co-operativeDevelop.
1919 Saskatchewan Drive
Regina, SK
Canada S4P 3V7

Geschäftsimmobilien für die Selbständigkeit können Sie unter den verschiedensten Gegebenheiten erwerben. Manchmal werden Sie mit Inventar, manchmal ohne verkauft. Die größte Auswahl finden Sie im touristischen Bereich. Aber auch dieser Bereich ist hier umsatzmäßig stark umkämpft, obwohl beispielsweise die Zahlen der Urlauber im Yukon von 1991-1996 um 25% angestiegen sind und im letzten Jahr mehr denn je Besucher zu verzeichnen waren. Manchmal erwägt der Besitzer nur den Verkauf des Geschäftes, nicht aber den des dazugehörigen Grundstückes. Gegebenenfalls kann man sich vielleicht vorerst auf eine Pacht einigen - dann kann man vielleicht daraus ersehen, ob man von der geplanten geschäftlichen Tätigkeit seinen Lebensunterhalt bestreiten kann oder nicht. In diesem Fall sollte man auch evtl. ein Vorkaufsrecht nach einer bestimmten Frist vereinbaren. Man kann evtl. auch eine Anzahlung leisten, die unter einem Notar-Anderkonto geführt wird und ebenfalls wie ein Teil der Pacht auf den Kaufpreis angerechnet wird. Dieser Variationen gibt es viele. Sie müssen Ihr Projekt und Ihren benötigten finanziellen Spielraum nur gut durchdenken, sowie gewisse Unwägbarkeiten des Lebens miteinberechnen. Sie sollten Ihr Vorhaben auch an den veränderten kanadischen Markt anpassen.

Hier einige **Preisbeispiele für verschiedene Geschäftsimmobilien** der verschiedensten Lagen:

Lodge mit cabins, 15 ac Areal, Yukon	$198.000
Coffe-shop, 40 Sitzplätze, British Columbia	$49.990
Wohnhaus, 5ZK 2B, Cottage geeignet f. B&B	$125.000
Resort mit Restaurant am See, British Columbia	$490.000
Fishing-Lodge am See mit Cabins, British Columbia	$168.000

Tiefergreifende Informationen, Immobilien betreffend, erhalten Sie in einer jährlich erscheinenden Sonderausgabe des Canada-Journals. „Canada-Profil" ist für DM 69,-, für Abonnenten des Canada-Journals für DM 49,- erhältlich.

<u>*Anmerkung*</u>

*Sie sollten **immer** vor einem erwogenen Kauf sich das in Betracht kommende Objekt **persönlich** anschauen, damit Sie nicht von etwaigen kanadischen Bausünden später heimgesucht werden. Verbringen Sie einige Tage am Ort oder in der Nähe und schauen Sie sich die Umgebung und die örtlichen Gegebenheiten an. Bei einer Inverstition in Ihr zukünftiges Haus sollten Sie also nicht mit einer Besichtigung und dadurch eventuell anfallenden Flug- und Übernachtungskosten sparen wollen. Das könnte vielleicht zu einer herben Enttäuschung führen und Ihren Neuanfang in Kanda nicht gerade erleichtern! Vor allem bei* *geschäftlichen Objekten sollten Sie sowohl eine Kundenstrukturanalyse als auch eine Marktanalyse durchführen, um nicht irgendwelchen möglichen Versprechungen und falschen Vorstellungen aufgesessen zu sein. Das kann professionell durchgeführt werden, aber auch Sie selbst haben dazu sicher ausreichende Möglichkeiten: Was bietet die Konkurrenz, wenn es sie denn überhaupt am Ort gibt, und zu welchem Preis, wie stellt sich überhaupt der Publikumsverkehr dar (Kunden-/Besucherfrequenz – beobachten Sie die Zufahrtsstraße, z. B). Ist Ihre Dienstleistung, oder Ihr Warenangebot für diesen Ort geeignet, könnte es aufgrund baulicher Gegebenheiten zu Genehmigungsschwierigkeiten kommen, usw. Seien Sie lieber im voraus etwas übervorsichtig, als nachher um Ihre Ersparnisse ärmer!*

BESONDERHEITEN

Gerichtlich angeordnete Versteigerungen, sogenannte **Court approvals** oder **Sheriff's Sales** gibt es ebenfalls in Kanada. Zum Teil läuft auch hier der Verkauf über einen vom Gericht beauftragten Makler, zum anderen müssen Gebote schriftlich und versiegelt bei Gericht bis zu einem bestimmten Zeitpunkt eingereicht werden. Bei Nichtbezahlung Ihrer Verbindlichkeiten sind auch hier die Gläubigerinstitute gnadenlos.

Eine andere Form des preiswerten Grundstückverkaufs ist das sogenannte **Tax arrear** Verfahren. Wenn man als Eigentümer die örtlichen Grundsteuern in einem Zeitraum von 2 Jahren, in manchen Provinzen auch innerhalb 3 Jahren, nicht bezahlt hat und man mehrmals angemahnt wurde, ordnet die zuständige Behörde einen Verkauf an. Oftmals werden diese Grundstücke zu sehr günstigen Preisen verkauft. Allerdings hat der ehemalige Besitzer ein weiteres Jahr Zeit, um seine Steuern nachträglich noch zu entrichten. Dann wird sich der neue Besitzer natürlich ärgern, da der Transfer rückgängig gemacht werden kann. Allerdings - wer nach mehrmaligen Anmahnungen, öffentlichen Aushängen mit seinem Namen, Versteigerungstermin keine Anstalten gemacht hat, seine Schuld zu zahlen, der wird es innerhalb dieser zusätzlichen Frist wohl auch nicht mehr tun. Doch sollte man trotzdem diesen eher unwahrscheinlichen Fall einkalkulieren und zumindest keine Gebäude auf dem auf diese Art erworbenen Grundstück errichten.

Diese **Tax Arrear Sales** finden überwiegend zu bestimmten Jahresterminen statt. Dieses wird in öffentlichen Gazetten im voraus angekündigt. Man kann vorher eine Liste der angebotenen Grundstücke einsehen, sich dann selbst über die Lage und die örtlichen Gegebenheiten ein Bild machen und evtl. im Termin dann das Grundstück erwerben.

Für British Columbia beispielsweise werden diese Veräußerungstermine meist in Vancouver abgehalten. Aber auch in kleineren Außenbezirken ist diese Art der Beitreibung von Außenständen sehr verbreitet. Dort können Sie sich dann zu gegebener Zeit auch näher informieren. Auch wird immer wieder einmal von den einzelnen Gemeinden in den örtlichen und überregionalen Tageszeitung mit solchen Aktionen inseriert. Nachfolgend einige Adressen, wo Sie nähere Informationen über diese Transaktionen erhalten können:

Deputy Treasurer
The Corp. of County of Hastings
235 Pinnacle St, Postal Bag 4400
County Administration Bldg.
Belleville, ON
Canada K1N 3A9

Tax Collector
The Corp. of County of Hastings
52 Seguin St.
Parry Sound, ON
Canada P2A 1B4

Gazette officielle du Québec
Minister of Culture $ Communic.
4380 R Garrand, Ville St.-Laurent
Montreal, QU
Canada H4R 2A9

The Treasurer
Property Tax Office
City Hall, West 12th Ave.
Vancouver, BC
Canada V5Y 1V4

Crown Publications
521 Fort St.
Victoria, BC
Canada V8W 1E7

Tax Office
1st Floor, Administration Bldg.
865 Grand Lake Road
Sydney, NS

Royal Gazette
Quenn's Printer

Royal Gazette
Quenn's Printer

P.O. Box 6000	P.O. Box 2000
Fredericton, NB	Charlottetown, PEI
Canada E3B 5H1	Canada C1A 7N8

Nachstehend habe ich Ihnen eine Adresse einer Maklerfirma aufgeführt, die ausschließlich solches Steuerverzugs-Land verkauft. Die Angebote sind landesweit gelistet und auch Pläne kann man bestellen, um einen ersten Einblick zu bekommen. Die monatlich aktualisierte Angebotsbroschüre können Sie gegen ein geringes Entgelt abonnieren ($25 pro Jahresabonnement). Die angebotenen Grundstücke sind wirklich äußerst preiswert, doch durch die Besonderheiten eignen sie sich meiner Meinung nach mehr zu Freizeitzwecken als zur sofortigen Bebauung. Aber auch als Kapitalanlage können sie dienen.

Falls Sie sich dann zu einem Kauf entschließen, können Sie diesen Kaufpreis sowohl in bar als auch ohne Einschaltung eines Kreditinstitutes in monatlichen Ratenzahlungen tilgen.

* M. Dignam
65 Cedar Pointe Drive, Unit 807
Barrie, ON
Canada L4N 5R7

e-mail dignam@dignam.com
www.dignam.com

Hier einige **Preisbeispiele der Fa. Dignam** vom Februar 2000:

Lot, 39,7 ac, Southern Ontario	$23.994
Lot, 0,28 ac, Prince Edward Island	$4.491
Lot, 5 ac, British Columbia	$9.891
Lot, 64,1 ha, British Columbia	$29.700
Lot, 13,89 ac, New Brunswick	$6.693
Lot, 4,79 ac, Novia Scotia	$12.996
Lot, 6,71 ac, Alberta	$7.992

Weiterführende Literatur über diese verschiedenen Arten des preisgünstigen Grundstückerwerbs können Sie von der nachstehenden Anschrift erhalten:

„Non-Traditional Methods Buying Real Estate", Paul Gordon
ISBN 0-9695031-0-5, $21 zzgl. Porto und Steuer

* TSP Publications
  P.O. Box 5380
  Station F
  Ottawa, ON
  Canada K2C 3J1

Gute **topographische Karteninformationen** erhalten Sie bei:

* The Canada Map Office
  130 Bentley St.
  Nepean, ON
  Canada K1A 0E9

HAUSBAU

Sie können natürlich ebenso ein Grundstück kaufen und ein Haus nach Ihrem Geschmack errichten. Qualitativ wird es sicherlich besser werden, wenn sie den Bau überwachen. Wenn Sie ein in Kanada sehr verbreitetes **Log-Home** aus Rundholzstämmen bauen möchten, können Sie das mit Hilfe einiger erfahrener Arbeiter auch selber tun. Man sollte dann halt nur darauf achten, dass man ein bewaldetes Grundstück und nicht ein schon abgeholztes kauft, da man dann dieses Baumaterial schon besitzt. Auch auf baurechtliche Vorschriften ist hier ebenfalls zu achten. Ein konventionelles kanadisches Haus kostet ca. $600 per Quadratmeter. Man baut hier nicht für alle Ewigkeit, obwohl die Bauten schon sehr solide sind. Daher ist ein Hausbau manchmal etwas erschwinglicher. Dachziegel wie bei uns üblich sind oft nicht überall die Regel, man findet auch Dächer nur mit Dachpappe oder metallgedeckte Dächer. Aber auf ausreichende Dämmung in bezug auf die Energiewirtschaftlichkeit wird seit einigen Jahren geachtet.

Vermehrt wird von den Behörden darauf geachtet, ob eine **Baugenehmigung** erteilt wurde und wenn ja in welchem Umfang. Falls eine solche nicht vorliegt, kann es Ihnen durchaus passieren, dass Sie dafür Sorge zu tragen haben, dass dieses Haus von dem Grundstück wieder entfernt wird, oder dass Sie sich nachträglich um eine Genehmigung bemühen, ohne Garantie auf Erteilung.

Die Zeiten, wo man einfach eine Hütte in den Wald stellen konnte und sich vom Fallenstellen und Beerensammeln ernähren konnte, sind leider überall in Kanada vorbei. Es gibt auch nirgendwo in Kanada mehr herrenloses Land, welches man einfach so in Besitz nehmen könnte.

Ihre mögliche monatliche Belastung (man kann auch wöchentlich, zweiwöchentlich, zweimal im Monat Zahlungen leisten) können Sie auf der Webseite der Bank of Montreal kalkulieren. Zur Zeit liegt die Zinsbelastung zwischen 7,5% und 8,2%, je nach Zinsfestschreibung. Auf dieser Seite stehen auch weitere Informationen, die äußerst nützlich für Ihre Entscheidung sein könnten, beispielsweise zur Risikoabdeckung Ihrer Familie:

* www.bmo.com

Auf folgender Internetseite können Sie sich zudem ein paar Pläne für Neubauten anschauen, die nach Ihnren Wünschen erstellt werden können. Die Preise belaufen sich für ein meiner Meinung nach sehr hübsches Haus von $125.000 bis ca. $215.000 - fast schlüsselfertig, Einbauküche eingeschlossen:

* www.cancor.yk.ca

Anmerkung

Eine mir bekannte Kinderärztin hat sich in Northern B.C. ein sehr großes Grundstück an einem See gekauft, mit einem Stock einen Grundriß in die Erde geritzt und dann mit einem befreundeten Schreiner innerhalb kürzester Zeit ihr Wohnhaus erstellt. In manchen Orten, wie dort eben auch, gibt es weder Bauvorschriften noch Baugenehmigungen! Aber erfragen Sie das bitte **vor Baubeginn!**

FINANZIERUNG

Die Finanzierung ähnelt der in Deutschland üblichen. Sie gehen zur Bank mit dem Grundbuchauszug oder Unterlagen, die über den Wert des zu finanzierenden Objektes etwas aussagen, und tragen Ihren Kreditwunsch vor. Sicherheiten verlangen die kanadischen Banker genauso wie ihre deutschen Kollegen. Meistens wird ein Teil des Kreditbetrages als Sicherheit einbehalten. Wenn Sie die monatlichen Raten nicht mehr zahlen können, wird die Bank versuchen, Ihr Haus zu verkaufen. Gleiche Ursache - gleiche Auswirkung wie bei uns. Über Konditionen kann man oft verhandeln und Sie sollten diese vor einem übereilten Kreditvertragsabschluss bei den einzelnen Bankinstituten erfragen.

* www.bmo.com
* www.bank-banque-canada.ca
* www.fcc-sca.ca (bei geplantem Farmhaus)

Da sich die Zinsverhältnisse, gerade auf dem nordamerikanischen Markt, relativ schnell ändern können und manchmal großen Schwankungen unterworfen sind, kann eine zu hohe Fremdfinanzierung (über 55-60%) in einer folgenden Hochzinsphase leicht zu finanziellen Schwierigkeiten führen und das möchten Sie ja nach Möglichkeit wohl von vorneherein vermeiden, da sich Ihr Start in Kanada dann vielleicht eher zu einem finanziellen Fiasko entwickeln könnte.

Kleines Immobilien-Lexikon

Acceleration clause
Klausel im Hypothekenvertrag, die dem Gläubiger erlaubt, die Hypothek vorzeitig für fällig zu erklären, z.B. bei Zahlungsverzug

Annual percentage rate A.P.R.
Effektivzinssatz, Ausweisung ist gesetzlich vorgeschrieben

Annuity
regelmäßige gleichbleibende Zahlungen, meist monatlich, die sich aus Kapital und Zinsen zusammensetzen

Appraisal
Wertschätzung der Immobilie

as is
befreit den Verkäufer zum großen Teil von Regressansprüchen, allerdings ist der Verkäufer bei Wohnimmobilien verpflichtet, die ihm bekannten Mängel dem Käufer mitzuteilen

Assumption of mortgage
Schuldübernahme beim Kauf einer hypothekarisch belasteten Immobilie, falls von release begleitet, ist der Käufer Alleinschuldner

Bridge loan
Zwischenfinanzierung, kurzfristiges Darlehen

Building permit
behördliche Baugenehmigung

Capital grains
Kapitalertrag einer Immobilie im Sinne der Steuergesetzgebung

Capitalization rate
der dem durchschnittlichen Käufer zuzumutende Zinssatz für die Bewertung einer Immobilie, das Nettoeinkommen geteilt durch den jeweiligen Marktwert ergibt die cap rate

Cashier's cheque
bankgarantierter Barscheck, gegen den Kredit der Bank selbst gezogen

Certified cheque
bankbestätigter Barscheck, auf den Kredit des Kunden gezogen

Certificate of Occupancy
vergleichbar mit unserer Bauabnahme, bescheinigt die Erlaubnis zum Einzug, wird behördlich erteilt

Closing
der endgültige Abschluss eines Kaufvertrages mit Zahlungsleistung und Urkundenübergabe

Construction loan
kurzfristiges Baudarlehen

Contract for sale and purchase
rechtsverbindlicher Verkaufs- oder Kaufvertrag einer Immobilie, wird meist beim Notar abgeschlossen

Court of Records
Eintragungsbehörde am Landgericht, mit ähnlicher Grundbuchführung wie bei uns

Deed
als Übertragungsurkunde für Immobilientransaktionen das wichtigste Eigentumsdokument

Deposit
eine Anzahlung, die oft in Stufen geleistet wird. Bei Angebotserteilung leistet der Käufer eine Anzahlung von 1-2% auf ein Anderkonto (escrow account oder trust account) des Anwalts oder Realtors. Beim Vertragsabschluss wird der Betrag rückvergütet oder beim closing verrechnet

Due-on-sale clause
schreibt im Hypothekenvertrag die völlige Rückzahlung und Löschung bei Veräußerung vor

Easement
Grunddienstbarkeit wie z. B. Wegerecht, Wasserrecht, etc.

Estate in land
dingliches Recht an Immobilien wobei nochmals unterschieden werden kann in *fee simple*: uneingeschränktes Eigentum am Grundbesitz, sowie *life estate*: Besitz auf Lebenszeit und in *life estate sur autre vie*: Besitz während der Lebenszeit eines Dritten.

Fee
Gebühr

Fixtures
bewegliches Sacheigentum, welches zum Zwecke der Benutzung, etc. eines Gebäudes eingebaut ist - gehört automatisch zur erworbenen Immobilie

Floodplain
an einen Fluss angrenzendes Grundstück, das bei Flut überschwemmt wird

Foreclosure
gerichtliche Verfallserklärung einer Hypothek oder eines Pfandrechtes, welche auf der Klage auf Befriedigung des Pfandes beruht

Grantee
Käufer

Grantor
Verkäufer

Gross area
Bruttoareal eines/r Grundstückes/Immobilie ohne Rücksicht auf die nutzbare Fläche.

Gross lease
Pachtvertag, der den Eigentümer verpflichtet, bestimmte Unkosten zu tragen

Installment contract
ein Teilzahlungsvertrag über die Bezahlung der Immobilie

Interest in land
a) Zinsen, wobei simple interest einfacher Zins, Kapitalzins ist und compound interest Zinseszins bezeichnet
b) Recht, Anteil einschließlich Nutznießung am Eigentum

Landlord
Hausbesitzer, Verpächter

Lease
Miet- oder Pachtvertrag

Leasehold interest
vertragliches Besitz- und Baunutzungsrecht des Pächters

Lease-purchase
Pachtvertrag, bei dem die Pachtzahlungen gänzlich oder zum Teil auf den Kaufpreis angerechnet werden

Lender
Darlehensgeber

Lessee
Mieter oder Pächter

Lessor
Vermieter oder Verpächter

Levies
öffentliche Abgaben

Lien
gesetzliches oder vertraglich vereinbartes Pfandrecht

Loan
Darlehen

Lot
Grundstück

Maturity
Laufzeitende/Fälligkeitstermin

Mortgage
Hypothek, durch die Immobilie abgesichert, Laufzeit im term angegeben

Mortgagee
Hypothekenschuldner

Mortgagor
Hypothekengeber

Net-lease
Pachtvertrag, bei dem der Pächter alle Unkosten zu tragen hat

Notice of default
Verzugsanzeige im Falle von Hypothekenschulden

Operating expenses
tatsächliche Betriebskosten in Verbindung mit einer Immobilie

Pay-off letter
wenn bei Kaufabschluss die derzeit bestehende Hypothek(en) abgezahlt und gelöscht wird/werden, besorgt Anwalt des Käufers den pay-off letter vom Hypothekengeber, der die genaue Restschuld und evtl. weitere Details enthält

Percentage lease
Miet- oder Pachtvertrag für kommerzielle Objekte, in dem die Pachtzahlungen als Prozentsatz vom Umsatz definiert sind

Personal property tax
vom County und der City erhobene Steuer auf bewegliches, mit der Immobilie zusammenhängendes Privateigentum

Plot
Grundstück, auch lot oder parcel genannt

Plat
ähnlich dem Kataster (Vermessungskarte), welche einen Bezirk in Grundstücke einteilt, wird im Court of records im plat book eingetragen und ist bei Interesse einsehbar

Points
sind eine Gebühr (origination fee) der Hypothekengeber, wobei jeder Punkt 1% des Hypothekenbetrages ist, der bei Abschluss vom ausgezahlten Kreditbetrag abgezogen wird

Prepayment penalty
Vorfälligkeitsentschädigung für den Darlehensgeber

Real Estate
Grundbesitz, Immobilie, Liegenschaft

Release of lien
Freistellung von einem Pfandrecht, gewöhnlich durch Bezahlung der Schuld

RESPA settlement statement
von der Bundesbehörde vorgeschriebenes closing statement im Falle eines Kaufs einer hypothekarisch belasteten Wohnimmobilie zum Schutze des Käufers

Sale-leaseback
Verkauf einer kommeriell genutzen Immobilie durch den Besitzer, der danach als Mieter oder Pächter darin verbleibt

Satisfaction od mortgage
Löschungsbewilligung nach voller Bezahlung einer hypothekarischen Schuld, wird auf Kosten des Kreditgebers eingetragen

Site
Baugrundstück, Baustelle

„Subject to“
Käufer erwirbt eine Immobilie mit einer Rechtsanspruchsbeschränkung oder einer Belastung

Sublease
Untervermietung oder -verpachtung

Survey
Landvermessung mit genauer Beschreibung

Take-out commitment
Zusage eines Kreditgebers nach Baufertigstellung einen langfristigen Hypothekenkredit zu gewähren

Tax lien
pfandrechtliche Belastung einer Immobilie zugunsten der Lokal-, Provinz- oder Bundesbehörde, falls Steuern unbezahlt blieben

Tenancy
a) Besitz, Eigentum
b) Miet- oder Pachtbesitz

Title Insurance
eine Rechtsmängelversicherung, die verhindert, dass Käufer oder Gläubiger im Falle eines Rechtsmangels einen finanziellen Schaden erleidet; einmalige Prämie, basierend auf Kreditbetrag

Warranty
vertragliche Zusicherung bzgl. Sach- und Rechtsmängeln

Soziale Absicherungen

KRANKENVERSICHERUNG

Beiträge zur Krankenversicherung werden nach meinem Kenntnisstand nur in British Columbia und in Alberta erhoben. Da die **Höhe der Beitragszahlung** vom erzielten Einkommen abhängig ist, wird hier auf eine eingehende Erläuterung verzichtet. Die niedrigste Beitragsklasse in BC beträgt $36 - insgesamt liegen die Beiträge sehr viel niedriger als in Deutschland üblich. Die Versicherung können Sie beim Access Centre Ihrer Stadt beantragen. Der Arbeitgeber muss keinen Anteil am Versicherungsbeitrag leisten, größere Firmen zahlen Ihren Angestellten aber oft einen Teil.

Die medizinische Versorgung ist ausgezeichnet. Die Nachteile sind allerdings, dass man **keinerlei Zahnbehandlungen**, die auf Kariesbefall beruhen, erstattet bekommt. Daher rate ich Ihnen, falls es notwendig sein sollte, noch in Deutschland zu einer totalen Zahnsanierung.

In Kanada übernimmt die jeweilige Krankenversicherung lediglich **kieferorthopädische Behandlungen** und **zahnmedizinisch notwendige Operationen.** Für die Kosten eines Weisheitszahnes, der Ihnen operativ entfernt werden muss, trägt die Krankenversicherung die Kosten, die Füllung eines kariösen Zahnes aber nicht. Einige größere Arbeitgeber tragen auch die zahnärztlichen Kosten. Zusatzversicherungen, die man privat bezahlen muss, gibt es selbstverständlich auch.

Medikamente oder Heilpraktiker-Behandlungen werden ebenfalls nicht übernommen und müssen aus eigener Tasche bezahlt werden. Falls Sie ständig Medikamente benötigen sollte, kann man diese unter Beachtung des Verfalldatums auch von zuhause mitbringen (Einfuhrbestimmungen sind zu beachten), oder sich beim nächsten Besuch neu besorgen. Also, auch hier heißt es: Gesund bleiben!

Erziehungsgeld oder Lohnfortzahlung bei Schwangerschaft sind hier auch nicht üblich. Allerdings gibt es eine Arbeitsplatzgarantie.

Wenn Sie in Kanada angekommen sind, besorgen Sie sich gleich das entsprechende Antragsformular (dazu benötigen Sie Ihre Sozialversicherungsnummer SIN), füllen es aus und geben es wieder ab. Eine Wartezeit von drei Monaten muss in den meisten Provinzen erfüllt sein, bevor Sie überhaupt irgendwelche Leistungen erhalten können. Das bedeutet, dass Sie erst ab dem ersten des dritten folgenden Kalendermonats an krankenversichert sind. Daher wäre für die ersten Monate eine zusätzliche private Versicherung recht nützlich (allerdings nicht in allen Provinzen nötig). Die Kosten eines Krankenhausaufenthaltes in Kanada sind überaus hoch und es wäre unklug, die anfallenden Kosten in der Übergangszeit für eine Zusatzversicherung einsparen zu wollen, auch wenn man allzu leichtfertig denkt, dass man schon nicht so schlimm krank werden würde. Daher rate ich Ihnen, schließen Sie in jedem Fall in irgendeiner Form eine zusätzliche Absicherung für den Krankheitsfall ab!

Die Anschriften der Krankenversicherungen der jeweiligen Provinzen sind:

Alberta

Alberta Health Insurance Plan
10025 Jasper Ave.
BOX 1360
Edmonton, AB
Canada T5J 2N3

British Columbia

Ministry of Health
Medical Services Plan of British Columbia
BOX 1600
Victoria, BC
Canada V8W 2X9

Manitoba

Manitoba Health Services Commission
P.O. BOX 925
599 Empress
Winnipeg, MAN
Canada R3C 2T6

New Brunswick

Medicare Enquiries
PO BOX 5100
Fredericton, NB
Canada E3B 5G8

Department of Health &
Comm. Services Medicare
PO BOX 5100
Fredericton, NB
Canada E3B 5G8

Newfoundland und Labrador

Department of Health
(M.C.P.)
Confederation Bldg
St. John's, Nfld
Canada 41B 4J6

Northwest Territory

Department of Health
Government of the N.W.T.
Yellowknife, NWT
Canada X1A 2L9

Novia Scotia

Department of Health and Fitness
PO BOX 488
Halifax, NS
Canada B3J 2R8

Ontario

Ministry of Health
PO BOX 48
Kingston, ON
Canada K7L 5J3

Infos auch über OHIP www.ohip.on.ca

Prince Edward Island

Hospital & Health Services Commission
PO BOX 4000
Montague, PEI
Canada COA 1R0

Québec

Régie de l'Assurance-maladie du Québec
Admissibilité et Inscription des Bénéficiaires
PO BOX 6600
Québec, QB
Canada G1K 7T3

Saskatchewan

Saskatchewan Health Insurance Registration
3475 Albert Street
Regina, SAS
Canada S4S 6X6

Saskatchewan Health/Medical Care
Insurance Branch
T. C. Douglas Bldg
3475 Albert Street
Regina, SAS
Canada S4S 6X6

Yukon

Hospital Insurance Services
Health Services Branch
PO BOX 2703
Whitehorse, YT
Canada Y1A 2C6

Auch im Internet können sie sich unter

www.hc-sc.gc.ca
www.infocan.gc.ca
www.cdic.ca

über Gesundheitsprogramme der Regierung oder der einzelnen Provinzen umfassend informieren.

UNFALLVERSICHERUNG

Die Beiträge zur sozialen Abdeckung eines **Betriebsunfalls** werden vom Arbeitgeber getragen. Dieser zahlt an das Worker's Compensation Board WCB. Dort sollten Sie sich in jedem Fall selbst anmelden bei Arbeitsaufnahme. Der Arbeitnehmer, der dann durch einen Arbeitsunfall arbeitsunfähig geworden ist, kann bis zu 70 Prozent seines letzten Einkommens erhalten. Falls Sie einen Arbeitsunfall erleiden sollten, halten Sie Ausschau nach einem Zeugen, der den Vorfall bestätigen könnte. Dieses könnte später äußerst nützlich für Sie sein. Auch der Arbeitgeber oder ein leitender Angestellter sollte unverzüglich über die Vorgänge informiert werden. Im Falle eines Arbeitsunfalles mit Todesfolge ist meistens auch die hinterbliebene Familie abgesichert - sofern diese eine Zeit vorher schon zusammenlebte. Die folgende Institution ist auch für die Überwachung und Einhaltung der Unfallverhütungsvorschriften in British Columbia zuständig.

Nähere Informationen erhalten Sie unter nachstehender Anschrift:

- Worker's Compensation Board
6951 Westminster Hwy
Richmond, BC
Canada V7C 1C6

Im Falle eines Einspruchs gegen einen Bescheid können Sie sich in British Columbia an folgende Adresse wenden:

- Worker's Compensation Review Board
200, 1700 West 75th Ave.
Vancouver, BC
Canada V6P 6G2

ARBEITSLOSENVERSICHERUNG

Beiträge zur Arbeitslosenversicherung (Employment Insurance premiums) werden nach einem festgelegten Beitragssatz alleinig vom Arbeitgeber getragen und an das zuständige Finanzamt überwiesen und ist abhängig von der landesweiten Arbeitslosenzahl. Dieses ist, meine ich, der alleinige Vorteil gegenüber dem deutschen Verfahren. Das soziale Netz ist insgesamt etwas schlechter als in Deutschland und eine soziale Hängematte wird man kaum vorfinden können.

Im Falle, dass Sie arbeitslos werden sollten, wird eine wöchentliche Unterstützung an Sie ausgezahlt, abhängig vom letzten Gehalt, das Sie verdient haben. Ähnlich wie in Deutschland also. Doch vorerst müssen Sie zahlreiche bürokratische Hürden überwinden.

Sie müssen ebenso wie in Deutschland eine **Anwartschaftszeit** erfüllen. Zudem müssen Sie vorher sozialversicherungspflichtig mit einem bestimmten Gehalt sowie eine gewisse wöchentliche Stundenzahl gearbeitet haben. Die Arbeitslosenunterstüzung wird wöchentlich per Scheck ausgezahlt. Provinziell unterschiedlich geregelt, wird diese Unterstützung meist nur für eine begrenzte Wochenanzahl innerhalb eines Kalenderjahres gezahlt.

Wenn Sie selbst für die Kündigung des Arbeitgebers verantwortlich sind, oder sogar selbst gekündigt haben sollten, tritt eine Sperrzeit ein. Für diese Zeit bleibt Ihnen dann nur die Beantragung der staatlichen Hilfe zum Lebensunterhalt - vergleichbar mit Sozialhilfe. Auch falls die gezahlte Arbeitslosenunterstützung relativ niedrig ausfällt, fragen Sie nach, ob evtl. in diesem Falle dann zusätzlich Sozialhilfe gezahlt wird. In diesem Falle könnten Sie sich sofort entsprechende Antragsformulare besorgen, damit sich die Zeit von der Antragstellung bis zur Auszahlung nicht unnötig verzögert.

Die Arbeitslosenunterstüzung (EI Regular Benefits) beträgt in der Regel 55% des durchschnittlichen Einkommens, kann aber bei Familien mit Kindern auf bis zu 65% erhöht werden (Family Supplements Benefits). Sie wird für 14 bis maximal 45 Wochen ausgezahlt. Nach 45 Wochen sind Sie auf Sozialhilfe angewiesen. Das Arbeitslosengeld beträgt höchstens $413 pro Woche. Bemessungsgrundlage ist das erzielte Entgelt der letzen 26 Wochen, sowie die tatsächliche Beschäftigungszeit in diesem Zeitraum.

<u>Beispiel 1:</u>

Ein alleinstehender Arbeitnehmer ohne Kinder war in den letzten 26 Wochen durchgehend beschäftigt und hat ein Nettoeinkommen von

$10.400 in dieseer Zeit erzielt, dann erhält er eine wöchentliche Arbeitslosenunterstützung von $220.

10.400 : 26 = 400   55% von 400 = 220

Beispiel 2:

Bei 12 Wochen Beschäftigung innerhalb des Bemessungszeitraumes im Gebiet mit einer AL-Quote von 13,1% und einem erzielten Nettoeinkommen von $3.600 liegt die Untertützung bei $141 wöchentlich.

3.600 : 14 (festgelegter Divisor abhängig von AL-Quote) = 257
55% von 257 = 141
Divisoren werden durch das Arbeitsamt festgelegt

Beispiel 3:

Wenn Ihr Netto-Einkommen unter $20.921 (Familie mit Kindern) liegt, haben Sie Anspruch auf eine zusätzliche Zuwendung. Dabei erhält eineFamilie mit 3 Kindern (6, 8, 10) mit einem Einkommen von max. $20.000 wöchentlich $86,10 und $4,15 für das Kind unter 7 Jahren zusätzlich.

Bei mehr als 100 Wochen des Bezuges von Arbeitslosenunterstützung innerhalb der letzten 5 Jahre können die weiteren Zahlungen schrittweise um bis zu 5% gekürzt werden. Wenn Ihr Jahreseinkommen $48.750 übersteigt, kann es Ihnen passieren, dass eventuell gezahlte Arbeitslosenunterstützung in der Einkommenssteuererklärung am Jahresende zum Teil zurückgefordert wird. Dies trifft auch zu bei einem länger als 20 Wochen andauernden Bezug und einem dennoch erzielten Jahreseinkommen von $39.000. Bei einem durchschnittlich erzielten Jahresentgeltes in ganz Kanada von etwas überhalb von $40.000, ist dies sicherlich verwindbar und nach meiner Ansicht auch sozial gerechtfertigt.

Zusammenfassend kann man sagen, dass der Anreiz zur Arbeit durch die relativ niedrige Unterstützung gewährleistet ist, aber in berechtigten Fällen gerade für Familien genug Geld zum Leben da ist, ohne dass man Sozialhilfe beantragen müsste.

Fazit:
Am besten bleibt man gesund und verliert nie seinen Job, ohne dass der nachfolgende schon sicher ist. Außerdem rate ich Ihnen nicht für einen geringeren Stundenlohn als ungefähr $12 - $14 zu arbeiten, damit Sie sich auch wenigstens mit einer davon bemessenen Arbeitslosenunterstützung einigermaßen ernähren können.

ARBEITSLOSIGKEIT DURCH SCHWANGERSCHAFT / KRANKHEIT

Mutterschaftsgeld wird für maximal 15 Wochen gezahlt. Der Beginn kann frühestens 8 Wochen vor dem möglichen Geburtstermin erfolgen, kann aber auch erst später einsetzen (in Absprache mit der Mutter).

Zahlungen während eines Erziehungsurlaubes werden für die Dauer von 10 Wochen vorgenommen. Erziehungsurlaub kann sowohl vom Vater als auch der Mutter oder beiden beantragt werden. Falls das Neugeborene ständige Betreuung beispielsweise bei Behinderungen benötigt, kann der Zahlungszeitraum ausgedehnt werden. Muss das Kind längere Zeit im Krankenhaus verbringen, ruht die Zahlung und wird erst dann wieder aufgenommen, wenn das Kind zu Hause ist.

Zahlungen wegen krankheitsbedingter Arbeitslosigkeit werden für einen Zeitraum von bis zu 15 Wochen vorgenommen.

Die wöchentlichen Zahlungen werden ebenso wie bei der Arbeitslosenunterstützung berechnet.

RENTENVERSICHERUNG

Rentenversicherungsbeiträge werden wie bei uns je zur Hälfte vom jeweiligen Arbeitgeber und zur Hälfte vom Arbeitnehmer gezahlt und vom Arbeitgeber an das Finanzamt überwiesen. Es gibt den **Quèbec Pension Plan** QPP für die Provinz Quèbec und den **Canada Pension Plan** CPP für das restliche Kanada.

Mit 65 Jahren können Sie in den Ruhestand treten, ein Vorruhestand ist aber schon mit 60 Jahren möglich. Wenn Sie auf Dauer arbeitsunfähig sind, tritt in Kanada auch die Rentenversicherung ein. Hinterbliebenenrente wird ebenfalls an Angehörige ausgezahlt, zusätzlich zu einem einmaligen Betrag.

Sie müssen sowohl als Arbeitnehmer als auch als Selbstständiger in die staatliche Rentenversicherung Ihre Beiträge entrichten. Die Beitragsbemessungsgrenzen liegen hierbei zwischen $3.500 und $36.900 (= Durchschnittsverdienst im Landesdurchschnitt im Jahre 1998). In der Praxis bedeutet dies, dass Sie bei einem Einkommen von $40.000 für $6.600 keine Beiträge zu zahlen haben (für das Entgelt unter $3.500 und für das Entgelt über $36.900). Die Beitragssätze lagen 1997 bei 6%, steigen aber bis zu einem Gesamtprozentsatz von 9,9% im Jahr 2003 an. Beiträge werden monatlich erhoben. Gegenüber deutschen Beitragserhebungen weitaus günstiger!

Die Auszahlungen der Renten und Pensionen betragen für Personen über 65 Jahren zwischen $412,27 und maximal $762,92. Hinterbliebenenrenten liegen zwischen $307,08 und maximal $420,80 für unter 65-jährige, bei über 65-jährigen von $240,29 bis zu $457,75. Frührenten bewegen zwischen $676,33 und $917,43 für unter 55-jährige. Die Angaben beziehen sich auf jeweils wöchentliche Auszahlungen.

SOZIALHILFE

Falls es Ihnen passieren sollte, dass Sie arbeitslos werden und noch keinen Anspruch auf Arbeitslosenunterstützung haben sollten, oder dass Ihre Selbständigkeit scheitert, werden Sie auf **staatliche Unterstützung** angewiesen sein.

In etwa vergleichbar mit unserer Sozialhilfe, wird eine Unterstützung **zur Deckung des notwendigen Lebensbedarfes** gezahlt. Mietzahlungen für eine angemessene Wohnung ebenfalls. Zum Erhalt müssen Sie natürlich **vorher** einen besonderen Antrag stellen (rückwirkend wird nichts gezahlt), Einwanderungspapiere, Pass und Führerschein mitnehmen, sowie evtl. Ihren Ehepartner mitbringen und auch Ihre Einkommensverhältnisse darlegen. Ebenso Miet- und Mietnebenkosten, sowie Stromrechnungen. Arbeitssuche muss nachgewiesen werden, in welcher Form hängt vom jeweiligen Sachbearbeiter ab. Man kann auch, sofern die Arbeitslosenunterstützung zur Haushaltsführung nicht ausreicht, zusätzlich Sozialhilfe beantragen. Die doch entwürdigende Antragstellung ist mit der in Deutschland üblichen durchaus vergleichbar.

Die Höhe hängt von dem Bezirk ab, in dem sie wohnen. Sollten Sie in der Stadt wohnen, ist die Unterstützung etwas höher als in weitgehend ländlichen Gebieten. Die Unterstützung dient nur dem notwendigen Lebensunterhalt. Daher fällt die **Höhe** zwar eher bescheiden aus. In einem modernen Land wie Kanada muss aber niemand verhungern! Auch der kanadische Staat versorgt seine Bürger ausreichend - doch ich hoffe, Sie kommen nie in solch eine Situation.

KINDERGELD

Kindergeldzahlungen des Staates gibt es in Kanada ebenso, um die Eltern während der Erziehung und Ausbildung finanziell zu entlasten. Zum Teil kann man unter bestimmten festgelegten Einkommensgrenzen **Kindergeld** (NCBS amount / CSA) von der kanadischen Regierung erhalten, zum Teil gibt es nochmals **provienzielle Zuwendungen**. Außerdem gibt es natürlich auch hier etliche steuerliche Entlastungen für Familien oder Alleinerziehende (CCTB component / Canada Child Tax Benefit). Ebenfalls kommt eine **Mehrwertsteuererstattung** in Frage (GST/HST credits).

Der Besuch an staatlichen Kindergärten ist zudem kostenfrei. Außerdem sollen in den kommenden Jahren Familien mit Kindern oder alleinerziehende noch stärker gefördert werden. Die Vergünstigungen der jeweiligen Provinzen sind unterschiedlich geregelt und werden am besten bei dortigen zuständigen Stellen erfragt.

Die Kindergeldzahlung müssen Sie beim kanadischen Finanzamt per Formular beantragen, worin Ihr Einkommen detailliert zu belegen ist. Die Auszahlung erfolgt monatlich mittels Scheck oder Kontogutschrift. Dieses können Sie vorab festlegen. Die staatlichen Zuwendungen sind **steuerfrei.** Der ausgezahlte monatliche Betrag der Bundesregierung ist vom jeweiligen Nettoeinkommen abhängig. Für Kinder unter 7 Jahren gibt es ebenfalls Zuschläge. Ab einem jährlichen Nettoeinkommen von z. Zt. $97.000 entfallen die monatlichen Auszahlungen. Als Beispiel bekommt eine Familie mit 3 Kindern, deren Nettoeinkommen unter $23.000 p. a. liegt, eine monatliche Kindergeldauszahlung von 3 x $173,42 zugute zzgl. Steuererleichterungen. Dieses System scheint mir gerechter zu sein als das deutsche Kindergeldrecht, wo doch Besserverdienende steuerliche Abschreibungen tätigen können und somit steuerliche Erleichterungen erhalten, Geringverdienende aber nur das jeweilige Kindergeld. Umfassender können Sie sich auf der Web-Seite des kanadischen Finanzamtes über Einkommensgrenzen und Zuwendungen informieren. Dort erhalten Sie gleichfalls die jeweils benötigten Formulare zur Beantragung:

- www.ccra-adrc.gc.ca
- www.rc.gc.ca (Revenue Canada)

Steuern

Das Steuersystem weist u. a. einen entscheidende Veränderung für Sie auf. Die bei uns in der Preisauszeichnung schon enthaltene Mehrwertsteuer kommt bei kanadischen Preisen noch einmal hinzu. Dabei wird unterschieden zwischen unterschiedlich hohen **Provincial Sales Tax** PST und der **Canadian Goods and Services Tax** GST oder aber der **Harmonized Services Tax** HST in den Provinzen Newfoundland, Novia Scotia and New Brunswick. Benzin wird besteuert, ebenso wie u. a. Alkohol, Tabak oder Klimaanlagen. Für den Endverbraucher fallen diese Steuern ja nicht sofort ins Auge, da sie ja sowieso im Preis mitinbegriffen sind.

Für Arbeitnehmer ist gut zu wissen, dass sie in verschiedenen Provinzen weder Einkommensteuer noch Lohnsteuer, vor allem wenn sie Kinder haben, entrichten müssen. Das macht sich natürlich im Budget einer Durchschnittsfamilie durchaus bemerkbar.

PROVINZSTEUER GST

Wie bei den einzelnen Provinzbeschreibungen schon erwähnt, kommt zu dem jeweiligen Preis noch einmal die Provinzumsatzsteuer dazu. Diese ist extra ausgewiesen, nicht erstattungsfähig und variiert je nach Provinz zwischen 0 und 12 Prozent. Nur in Newfoundland, Labrador und New Brunswick wird ein Gesamtsteuersatz aus GST und HST von 15 Prozent gebildet. In den letzten Jahren wurde die GST in den verschiedenen Provinzen Kanadas erhöht, Sonderregelungen gibt es ebenso.

BUNDESSTEUER GST / HST

Seit dem 01.01.1991 erhebt Kanada eine Bundesumsatzsteuer (Goods and Services Tax) auf den überwiegenden Teil der Waren und Dienstleistungen, ausgenommen Lebensmittel, öffentliche Verkehrsmittelaufwendungen, etc. . Als Tourist können Sie sich diese auf Antrag beim kanadischen Arbeitsamt zurückerstatten lassen (z. B. die entfallene Steuer auf Übernachtungskosten, Waren auf die Steuer entrichtet wurde und keine Mahlzeiten sind, Textilien oder Waren, die Sie mit nach Deutschland nehmen möchten). Ihren Antrag richten Sie bitte mit den jeweiligen Quittungen an folgende Adresse:

* Revenue Canada
  Customs & Excise GST/HST
  Visitor's Rebate
  Ottawa, ON
  Canada K1A 1J5

EINKOMMENSSTEUER

Falls Sie selbständig sind, müssen Sie wie bisher auch **Einkommenssteuererklärungen, Umsatzsteuererklärungen** und ggfs. natürllich auch **Lohnsteuererklärungen** abgeben.

Der kanadische Finanzminister hat Anfang des Jahres innerhalb der nächsten 5 Jahre umfangreiche Steuersenkungen in Höhe von $58 Mrd. angekündigt. So erfolgt laut Budget 2000 wieder die Bindung der Steuerkategorien an die Inflationsrate. Vor allem Familien mit Kindern mit mittlerem bzw. niedrigem Einkommen profitieren besonders. Der jährliche Steuerfreibetrag wurde auf $8.000 angehoben, sowie neue Abschreibungsmöglichkeiten wurden geschaffen. Die mittlere und obere Steuerkategorie wurde auf $35.00 bzw. $70.000 angehoben. Es gibt auf Bundesebene drei Steuerkategorien: 17%, 26% und 29%, wobei die mittlere innerhalb von 4 Jahren auf 23% gesenkt werden soll. Die 5%ige Zusatzsteuer für Einkommen über $65.00 p. a. gilt jetzt erst ab $85.000 und wird bis Ende 2004 komplett abgeschafft. Die typische kanadische Familie mit zwei berufstätigen Elternteilen, zwei Kindern und einem Jahreseinkommen von $60.000 wird ab 2004 insgesamt 27% weniger Steuern zahlen (Ersparnis rund $1.500).

Die Unternehmensbesteuerung wird ebenfalls von jetzt 28% auf 21% in den nächsten Jahren abgesenkt.

Insgesamt ist das kanadische Steuersystem relativ kompliziert, da ja auch noch auf provinzieller Ebene Steuern in einkommensabhängiger, unterschiedlicher Höhe zu entrichten sind. Eine Ausnahme stellt hier sicherlich Alberta dar: Hier gibt es einen einheitlichen Steuersatz bei der

Einkommenssteuerbemessung von 11%, zu dem dann aber noch die zu entrichtende Bundeseinkommensteuer kommt.

Sie sind ebenfalls als Gewerbetreibender zu einer **lückenlosen Buchführung** verpflichtet. Die jeweiligen Steuererklärungen können sie aber auch von einem Steuerberater erstellen lassen. Die Bürokratie ist durchaus mit der deutschen Aufwendigkeit vergleichbar. Niederlassungen des Finanzamtes gibt es überall in den Provinzen. Man kann sich aber auch die erforderlichen Formulare aus dem Internet herunterladen und seine Steuererklärung online abgeben.

Über nähere Bestimmungen erkundigen Sie sich bitte bei Genehmigungsbehörden, dem kanadischen Finanzamt bzw. einem guten Steuerberater.

Einwanderungsantrag / Botschaft

EINREISEBESTIMMUNGEN

Deutsche, Österreicher und Schweizer können ohne Visaerteilung durch die Botschaft für maximal 180 Tage nach Kanada einreisen, wenn der jeweilige Reisepass noch 6 Monate über den Ankunftstermin hinaus gültig ist und sie ein Rückflugticket besitzen, sowie über ausreichende finanzielle Mittel für den Aufenthalt in Kanada verfügen. Sie dürfen keine Arbeit oder ein Studium aufnehmen, sofern Ihnen **keine Arbeitserlaubnis oder Studiengenehmigung** vorliegt.

Vor Ablauf der jeweiligen Aufenthaltsfrist - das Datum geht aus dem bei der Einreise am Flughafen im Reisepass angebrachten Stempels hervor - kann die Dauer des Gesamtaufenthaltes bis auf höchstens ein Jahr verlängert werden. Der jeweilige Beamte am Flughafen entscheidet über die **Gültigkeitsdauer des Sichtvermerkes** in Ihrem Pass. Wenn Sie erwägen länger als 6 Monate in Kanada zu bleiben (als Tourist), beantragen sie die Verlängerung gleich bei der Einreise, da dies kostenfrei ist. Eine Verlängerung bei den Immigration Centres ist dagegen kostenpflichtig. Noch teurer wird es, wenn Sie ohne vorherige Beantragung Ihre Aufenthaltsdauer eigenmächtig verlängern.

Besuche in den USA und Rückkehr nach Kanada sind ohne weiteres möglich, wenn Sie innerhalb der durch Stempelcintrag ersichtlichen Aufenthaltsgenehmigung liegen. Bürger der Bundesrepublik Deutschland benötigen kein Visum für die Einreise.

Obwohl es in Kanada **keine Meldeplicht** bei Einwohnermeldeämtern gibt, würde ich Ihnen nicht raten, nach Ankunft einfach unterzutauchen. Man hat Sie überall nach einer mehr oder minder kurzen Zeit aufgespürt. Außerdem sind alle kanadischen Arbeitgeber gesetzlich dazu angewiesen die Arbeitsgenehmigungen zu überprüfen, was aus der Vergabe der Sozialversicherungsnummern nach einem bestimmten Code ersichtlich ist. Zudem würden Sie eine **strafbare Handlung** nach dem Einwanderungsgesetz begehen, was wohl einem später gestellten Antrag auf Erteilung einer ständigen Aufenthaltsgenehmigung nicht sonderlich zuträglich wäre.

Einreisen **mit Arbeitserlaubnis** benötigt ein Approved Job Offer, wie im Kapitel Arbeit schon definiert. Ohne dieses Stellenangebot wird die Arbeitsgenehmigung nur in Ausnahmefällen für ein Jahr erteilt (kann evtl. auf Antrag des Arbeitgebers nach Ablauf verlängert werden). Den Antrag auf Bewilligung einer befristeten Arbeitserlaubnis müssen Sie **immer außerhalb Kanadas** bei der Botschaft oder einer konsularischen Vertretung stellen. Der jeweilige Visabeamte entscheidet dann über Ihr Gesuch.

CHANCEN AUF EINWANDERUNG

Jeder, der nach Kanada einwandern möchte, muss bei einer kanadischen Regierungsvertretung (Botschaft) einen Antrag auf Erteilung einer ständigen Autenthaltsgenehmigung (**Permanent Resident Permit**) stellen. Das kanadische Einwanderungsgesetz besagt, dass Einwanderungswillige keinen Antrag innerhalb Kanadas stellen können. Nur wenn Sie als Kind oder Ehepartner außerhalb Kanadas leben, Ihr Partner oder Ihre Eltern aber schon eine Aufenthaltsgenehmigung hat/haben, muss der Antrag von dem-/denjenigen in Kanada gestellt werden. Da es jedes Jahr weitaus mehr Einwanderungswillige als verfügbare Arbeitsmöglichkeiten in Kanada gibt, musste die kanadische Regierung schon seit Jahren die Einwanderer zahlenmäßig begrenzen. Außerdem musste verstärkt auch auf die kanadischen Belange in Bezug auf mögliche mangelnde Auszubildenden in gewissen Berufen innerhalb Kanadas eingegangen werden. Daher wurde ein Punktesystem eingeführt, das in den vergangenen Jahren immer wieder einmal geändert worden ist. Die letzte Änderung erfolgte im März 2000.

Die Erteilung der jeweiligen Genehmigungen unterliegt einem ständig wechselnden Prozess, um den Bedürfnissen der einzelnen Provinzen gerecht zu werden. Daher informieren sie sich bitte immer noch einmal zusätzlich zu meinen Ausführungen, die den Stand im Frühjahr 2000 betreffen.

Die Chancen auf Erteilung einer Einwanderungserlaubnis stehen zur Zeit gar nicht einmal so schlecht. Letztes Jahr wurden die Sollzahlen der Einwanderer nicht erfüllt und sollen daher dieses Jahr erhöht werden. Sogenannten **Skilled Workers** mit guter Ausbildung und reich an den vielfältigsten Erfahrungen in Berufen, die in Kanada als begehrt gelten, sollen vermehrt die Einreise genehmigt werden. Antragsteller, die einen **Antrag auf Familienzusammenführung** stellen, werden bevorzugt behandelt. Antragsteller der **Investorenkategorie** brauchen sich meist um die Genehmigungserteilung nicht sonderlich viele Gedanken machen. Auch **Flüchtlinge** stellen eine große Anzahl an Einwanderen dar. Die Einwanderungswelle wohlhabender Hongkong-Chinesen, die vor allem vor der Übergabe Hongkongs an China stattfand, scheint gebremst. Einwanderer sind wichtig für Kanadas Wirtschaft. Allerdings ohne spezifische Berufskenntnisse und eine ausreichende Schulbildung stehen Ihre Chancen nicht sonderlich gut. Sprachkenntnisse brauchen Sie nicht unbedingt nachzuweisen, nur beim Interview, zu dem Sie evtl. eingeladen werden, wären Sprachkenntnisse natürlich schon zu Ihrem Vorteil.

Da den kanadischen Botschaften jährlich Hunderttausende neuer Einwanderungsanträge zur Bearbeitung vorgelegt werden, ist eine **Selektion** unabdingbar und die Bürokratie recht ausgeprägt. Daher sollten Sie nach Abgabe Ihres Antrages auch **nie** bei der Botschaft nach dem letzten Stand der Dinge nachfragen, auch wenn Sie es kaum noch abwarten können. Darauf wird auch in den Unterlagen, die Sie von der Botschaft erhalten, hingewiesen. Sie sollten sich daran halten, um den Bearbeitungsprozess nicht unnötig zu verzögern. Die **Zeitspanne** von der Antragstellung bis zur Visaerteilung dauert mindestens 5-6 Monate, kann aber im Einzelfall bis zu 2 Jahren dauern. Halten sie durch und lassen Sie sich nicht entmutigen. Falls es nachdrückliche Gründe für eine schnellere Einreise geben sollte, ist dies auch nach Absprache mit den kanadischen Behörden in solchen Fällen möglich. Der gesamte Bearbeitungsvorgang und dessen Genehmigung oder Ablehnung obliegt immer dem für Sie zuständigen Visabeamten. Bedenken Sie dies, falls Telefongespräche oder aber das persönliche Interview anstehen. Bleiben Sie daher immer äußerst höflichst bei Gesprächen, auch wenn es nicht immer Ihrem Wunsch entsprechend läuft.

Der **geeigneteste Bewerber** nach meiner Ansicht ist zwischen 21 und 44 Jahren alt, besitzt eine mindest 10-jährige Schulbildung, hat einen in Kanada unterrepräsentierten Beruf mit einigen Jahren Berufserfahrung, wird in der Zukunft ein guter Steuerzahler sein, einigermaßen wohlhabend und mindestens einer der beiden Amtssprachen mächtig. Doch auch wenn nicht alle dieser Auswahlkriterien auf Sie zutreffen sollten, halten Sie sich immer das Ziel vor Augen. Perfekte Auswanderer sind wohl nicht immer die Regel. Aber ein Einwanderer, bei dem schon vorher abzusehen ist, dass er staatliche Hilfe nach Ankunft in Kanada in Anspruch nehmen wird, hat eher düstere Aussichten auf die Genehmigung seines Antrages.

QUOTEN

Für das Jahr 2000 sollen nach den neuen Richtlinien der zuständigen Ministerin gegenüber 180.000 Neuzugängen in 1999 zugelassen werden:

u.a.

Einwanderer mit Berufserfahrung	**123.300**
Einwanderer als Unternehmer	**16.000**
Familienszusammenführung	**61.000**
Flüchtlinge und Asylsuchende	**5.400**
Gesamtzahl:	**225.000 Einwanderer**

Ebenfalls sollen die Einwanderungsanträge zügiger bearbeitet werden. Qualifizierte Arbeitnehmer haben nun bessere Aussichten auf Erfolg.

ANTRAGSTELLUNG

Den Einwandeungsantrag (**Permanent Resident Application Kit**) können Sie telephonisch oder per Fax bei der für Sie zuständigen kanadischen Botschaft anfordern. Dabei müssen Sie den für Ihre persönliche Situation passenden auswählen (business immigrants oder independent immigrants), doch dazu später mehr. Falls Sie beabsichtigen sollten, nach Québec einzuwandern, müssen Sie Ihren Antrag an die kanadische Regierung der Provinz Québec stellen. Québec sucht seine Einwanderer eigenständig aus, obwohl auch dort das Punktesystem seine Anwendung findet. Die Formulare werden Ihnen dann gegen einen ausreichend frankierten, mit Ihrer Anschrift versehenen Umschlag zugesandt. Die entsprechenden Formulare können Sie sich auch aus dem Internet auf Ihren Rechner herunterladen und sich ausdrucken.

- www.cicnet.ci.gc.ca

Lesen Sie sich den Antrag bitte genauestens durch, bevor Sie ihn ausfüllen. Gehen Sie dabei äußerst sorgfältig vor. Beachten Sie, dass Sie sich strafbar machen, wenn Sie falsche Angaben machen! Für jedes Mitglied Ihrer Familie über 19 Jahren müssen Sie ein gesondertes Formular über Abstammung, etc. ausfüllen. Sie brauchen aktuelle **Passfotos** von allen Familienangehörigen, die die Einreise beantragen, **Dokumente** wie Zeugnisse, Geburtsurkunden, Heiratsurkunden, Sterbeurkunden, Nachweise über Ersparnisse, etc. Ebenso sollten Ihre Pässe noch ein paar Jahre gültig sein. Lassen Sie sich evtl. **Reisepass** und Personalausweise vor Antragstellung noch verlängern. Dies kann bei der Dauer der Aufenthaltsgenehmigung nur von Nutzen sein. Beantragen Sie bei der Stadt oder Gemeinde in der Sie wohnen, **polizeiliche Führungszeugnisse** für sich und Ihren Ehepartner und ggfs. für Ihre volljährigen Kinder. Wenn Sie in den vergangenen Jahren seit Ihrer Volljährigkeit länger als ein Jahr in einem anderen Land als in Ihrem jetzigen Aufenthaltsland gelebt haben sollten, wird auch von diesen Behörden die Ausstellung eines Führungszeugnisses zur Vorlage verlangt. Dies trifft auch bei einem längeren Studienaufenthalt im Ausland zu.

Falls Sie in **Scheidung** leben sollten und noch nicht über das Sorgerecht über die Kinder entschieden worden sein sollte, sieht es mit einer Genehmigung vorerst schlecht aus. Den sorgfältig ausgefüllten Antrag mit wirklich auch allen notwendigen Unterlagen und Dokumenten versehen, (bei Unvollständigkeit handelt der Visa-Beamte nach dem Kriterium der **Perfect Application** und Sie erhalten Ihren Antrag unbearbeitet zurück!) senden Sie dann mit dem Beleg über die Entrichtung der Bearbeitungsgebühr (**Processing Fee**), evtl. auch der zu entrichtenden Einreisegebühr (ROLF **Right of Landing Fee**) an die Botschaft zurück - und warten und warten und warten.....

Die Bearbeitungsgebühr (processing fee) wird im **Falle einer Ablehnung** nicht wieder zurückerstattet im Gegensatz zur Einreisegebühr. Diese können Sie auch während des Antragsverfahrens noch nachträglich entrichten. Sie muss aber spätestens bis zur Visaerteilung gezahlt werden. Unter bestimmten Vorraussetzungen gibt es natürlich auch die Möglichkeit zur **Gebührenbefreiung** durch die kanadischen Behörden. Meiner Ansicht nach sollten Sie danach aber erst gar nicht fragen.

Der Vorgang der Antragstellung beinhaltet außer dem Antrag selbst eine **medizinische Untersuchung** aller Einwanderungswilliger, sowie in den überwiegenden Fällen ein **persönliches Gespräch** zwischen dem Visa-Beamten und dem Antragsteller, das Interview. Doch dazu später mehr.

Eine **Vorstrafe** wird das Einwanderungsverfahren zum Scheitern bringen. Die kanadische Botschaft überprüft dies immer durch einen sogenannten „criminal backgroundcheck“. Auch **extreme politische Außenseitermeinungen** oder Angehörige einer rechtsextremistischen Partei werden zur Einwanderung nicht zugelassen.

Sogenannte **Consultants** oder Einwanderungsberater, etc. die Ihnen die Formalitäten der Antragstellung abnehmen, sind sehr kostenintensiv. Rechnungsbeträge bis zu 15.000 DM sind keine Seltenheit! Oftmals werden Ihre Anträge von diesen Beratungsstellen außerhalb Deutschlands gestellt (ist möglich!), um die Bearbeitungsdauer zu verkürzen. Eine Garantie auf Erteilung einer Einwanderungsgenehmigung wird Ihnen aber nie gegeben werden. **Alleinig** der für Sie zuständige Visa-Beamte entscheidet über Ihren Antrag! Daher sollten Sie sich die Inanspruchnahme solcher Unternehmen genauestens überlegen und das Für und Wider genau abwägen. Und wenn Sie der Sprache nicht perfekt mächtig sind, können Sie einen Übersetzungsdienst zur Hilfe heranziehen - allemal preiswerter. Bedenken Sie auch etwaige Flugkosten/ Reisekosten zu einem Interviewtermin, der möglicherweise auch noch in Übersee vorgenommen werden müsste. Doch entscheiden Sie selbst!

EINWANDERUNGSKATEGORIEN

Es gibt **drei unterschiedliche Einwandererkategorien** wie die der Familienzusammenführung (**Family Class**), die der unabhängign Bewerber (**Independant Class**) und die derUnternehmer (**Business Class**), wobei bei Bewerbern der Business Class nochmals in **Investor**, **Entrepeneur** oder **Self-employed** unterschieden wird.

Auf das sogenannte **Verlobten-Visa** möchte ich hier nicht näher eingehen, da es wohl nur einen relativ eng begrenzten Interessentenkreis betrifft. Der eine Partner muss kanadischer

Staatsbürger ein, dann kann der Antrag in Kanada gestellt werden. Am besten heiraten Sie außerhalb Kanadas und reichen dann außerhalb Kanadas Ihren Antrag mit der Heiratsurkunde ein. Dazu sei aber angemerkt, dass bei Heiratsabsichten generell die Chance auf eine Einwanderungserlaubnis besteht und auch erteilt wird. Für nähere Informationen sollten Sie sich direkt mit der kanadischen Botschaft in Verbindung setzen.

Family Class bedeutet: Einwandern kann man grundsätzlich als Ehepartner eines volljährigen kanadischen Bürgers (gesetzlich verankert), sowie als Bruder, Schwester, Mutter, Vater, Tochter, Sohn, Großvater, Großmutter, Tante, Onkel, Nichte oder Neffe eines über 19 Jahre alten kanadischen Staatsangehörigen oder permanent resident. **Nähere Verwandte** also. Dafür gibt es fünf zusätzliche Punkte im Antragprüfungsverfahren durch die Botschaft. Auch wenn nicht die volle Punktzahl erreicht wird, wird hier und da einmal das Auge zugedrückt. Aber das Verwandtschaftsverhältnis muss natürlich definitiv belegt werden. Falls Sie engere Verwandte in Kanada haben sollten, werden Ihnen seitens der Botschaft **5 Bonuspunkte** gegeben. Ansonsten sind auch hier mindestens **70 Punkte** zu erreichen.

Business Class bedeutet: Alle Bewerber, die in Kanada unternehmerisch tätig sein möchten, oder die ihr Kapital in Kanadas Wirtschaft investieren wollen. Zu dieser letzteren Kategorie gehört der **Investor.** Dazu muss man eine gewisse Kapitalsumme in Kanada anlegen. Es gibt gesonderte Investorenprogramme der kanadischen Regierung, über die Sie sich in solch einem Fall am besten persönlich bei der Botschaft erkundigen sollten. Die Investitionssummen fangen bei ca. $250.000 an - nach oben sind selbstverständlich keine Grenzen gesetzt. Bei einer Beratung durch die Botschaftsangehörigen entstehen Ihnen keine Kosten, außerdem ist sicherlich eine eher unabhängige Investitionsprüfung hierbei gegeben. Auch **Vorschläge** werden Ihnen seitens der Botschaft gemacht, wenn Sie dies wünschen. Falls Sie dieses Kapital aufbringen können, wird die weitere Antragsprüfung wohl keine Hürde mehr darstellen. Als Investor sollten Sie **25 Punkte im** Bewertungssystem erreichen.

Diejenigen, die selbständig ein Unternehmen leiten oder gründen und mindestens einen kanadischen Bürger oder permanent resident als Arbeitnehmer einstellen und somit Arbeitsplätze in der kanadischen

Wirtschaft schaffen, bewerben sich unter der Kategorie **Entrepeneur.** Allerdings darf der Arbeitspatz nicht mit dem Ehepartner des Antragstellers oder einem seiner Kinder besetzt werden. Auch muss die Geschäftsführung immer aktiv ausgeführt werden. Für diese Bewerbungskategorie müssen Sie einen **business plan** erstellen, der Auskunft über Ihr geplantes Vorhaben gibt, die finanziellen Mittel, betriebswirtschaftliche Aussichten, etc. Im nachfolgenden Abschnitt habe ich Ihnen ein Beispiel vorgegeben, wie ein business plan aussehen sollte. Sie können ihn selbst anfertigen, oder aber einen Steuerberater damit beauftragen. Sie können ruhig ein wenig übertreiben, zu geschönt sollte er allerdings auch nicht sein. Realitätsbezogen, aber nicht zu düster. Im Falle einer Einwanderungsgenehmigung als Entrepeneur werden Ihnen nach Absprache mit der für Ihren künftigen Wohn- oder Geschäftssitz zuständigen Einwanderungsbehörde bestimmte **Auflagen** gemacht, die Sie in einem bestimmten Zeitraum - meistens innerhalb zweier Jahre - erfüllen sollten. Kommen Sie dann in Zukunft an einen Punkt, an dem es absehbar sein sollte, dass Sie die gemachten Auflagen wohl nicht erfüllen könnten, ist es äußerst ratsam, sich mit der zuständigen Behörde unverzüglich in Verbindung zu setzen, um die gemachten Auflagen abändern zu lassen. Die Behörden lassen da wirklich mit sich reden, doch nur wenn man sich auch in Verbindung mit Ihnen setzt. Unternehmen Sie nichts und können später die Auflagen nicht erfüllen, kann sogar ein **Visa-Verlust** unter Umständen die Folge sein. Daher nehmen Sie die Ihnen angebotene Hilfestellung durch die kanadischen Behörden an. Die Auflagen können variieren - von einer bestimmten Anzahl der Mitarbeiter bis hin zu Vorgaben über Ihren erzielten Umsatz. Wenn Sie eines Tages die Vorgaben erfüllt haben sollten, werden die Ihnen gemachten Auflagen wieder rückgängig gemacht und Sie können als „freier“ Unternehmer tätig sein. Bei geschäftlichen Unternehmungen ist es sowieso immer angebracht, sich vorab mit der für Ihr Geschäft zuständigen Behörde in Kanada in Verbindung zu setzen. Dort werden Sie ebenfalls kostenfrei beraten und bei einem Einwanderungsantrag wird immer die Gemeinde, Stadt, o. ä. zu Ihrem Vorhaben von der Botschaft angehört, evtl. sogar die Indianer, wenn die Lage Ihres Unternehmens in Ihr Hoheitsgebiet fallen sollte. Daher ist es sinnvoll, sich selbst schon vorher einmal mit diesen Behörden in Verbindung zu setzen, um die Erfolgsaussichten nach Meinung derer abzuklären. Außerdem wird der Visa-Beamte daraus auch ersehen können, dass Sie schon die verschiedensten Bemühungen unternommen haben, um

Ihre geschäftliche Zukunft in Kanada erfolgreich bewältigen zu können. Auch Korrespondenz geschäftlicher Natur mit Behörden, Unternehmensverbänden, möglichen Kunden, etc. aufzubewahren, hat sich immer als nützlich erwiesen. Und ich denke, für Sie wäre es auch außerordentlich wichtig, wie kanadische Behörden Ihre Unternehmensabsicht beurteilen, da Sie ja in Ihrer neu gewählten Heimat nicht sofort scheitern möchten und die Geschäftswelt in Kanada etwas von unserer abweicht. Als Unternehmer sollten Sie **40 Punkte** erreichen.

Die dritte Kategorie der unternehmerisch tätigen Einwanderer ist der kleingewerbetreibende Selbständige (**self-employed**). Hierunter fallen, verinfacht gesagt, alle Betriebe, in denen man vorerst nicht beabsichtigt, Personal einzustellen und somit Arbeitsplätze bereitzustellen. Doch auch hierbei stehen die Chancen nicht schlechter. Wenn man künstlerisch oder freiberuflich, z. B. als Schriftsteller tätig sein möchte, bewirbt man sich am besten unter dieser Kategorie. Sie sollten hier **70 Punkte** erreichen, wobei Ihnen aber seitens der Botschaft ein **Bonus von 30 Punkten** gewährt werden kann.

Bei all diesen unterschiedlichen Möglichkeiten der Beantragung einer Einwanderungserlaubnis müssen Sie Ihr unternehmerisches Geschick, die Befähigung ein Unternehmen erfolgreich leiten zu können, darlegen. Jede Unternehmung sollte einträglich für Kanadas Wirtschaft oder von örtlichem Interesse sein. Das heißt im Klartext: Wenn Sie in Toronto einen Gemischtwarenladen eröffnen wollen, ist dies sicherlich nicht so interessant für die Bevölkerung, als wenn Sie die Eröffnung in einem kleinen entlegenen Ort planen. Selbstverständlich möchte die kanadische Regierung erfolgreiche Unternehmer für ihr Land. **Betriebswirtschaftliche Kenntnisse** werden von vorneherein vorausgesetzt. Ebenso sollten Sie kein Ihnen völlig neues Tätigkeitsfeld für Ihren unternehmerischen Start aussuchen. Bilden Sie sich daher eventuell schon im Voraus in dieser Richtung weiter. Sollten Sie also geschäftlich schon einmal gescheitert sein in Ihrem bisherigen Heimatland, sollten Sie sich einen geschäftlichen Neuanfang genauestens überlegen. Auch die Botschaft wird dies bis ins Detail mit Ihnen abklären.

Informieren Sie sich auch, ob und gegebenenfalls welche **Genehmigungen, Lizenzen,** etc. Sie für den erfolgreichen Unternehmensstart benötigen. Die Kosten können teilweise schon recht hoch sein, z. B. bei der Alkohol-Lizenz, vergleichbar mit unserer Konzession und Schankerlaubnissteuer. Alkoholausschank wird auf's Strengste kontrolliert und die Erlaubnis dazu ist abhängig von den vorhandenen Sitzplätzen. Doch wenn Sie beabsichtigen sollten, z. B. ein Eiscafè zu eröffnen, fallen benötigte Spirituosen unter diese Alkohollizenz - oder denken Sie an bei uns so etwas geläufiges wie einen Cognac nach dem Essen. Wägen Sie ebenfalls das Verhältnis der Kosten zu dem geplanten Umsatz ab, etc. Denken Sie auch an das in Europa übliche Verbraucherschutzgesetz, wenn Sie geschäftliche Verbindungen zum alten Heimatland erwägen sollten. Dies gilt auch und gerade in Hinblick auf das deutsche Reisevertragsrecht, wenn Sie Direktbuchungen von deutschen Kunden entgegenzunehmen beabsichtigen (z. B. im Rahmen des Internets).

Beachten Sie ebenfalls mögliche umweltschutzgefährdende Auswirkungen Ihres Vorhabens und ggfs. deren Vorbeugung. Klären Sie ebenfalls ab, ob Sie an Ihrem erwogenen Firmensitz einen Telephonanschluss haben werden, denn bei Funk- oder Satellitentelefonen ist oft eine Internetnutzung nicht möglich. Bereiten Sie sich auf solche Unwägbarkeiten bestens vor, denn die Botschaft macht es gewiss!

Independant Immigrant (skilled workers) ist eine weitere Form der Antragstellung. Hierbei benötigen Sie beispielsweise entweder einen erstklassigen Beruf mit entsprechender Berufserfahrung, dann können Sie auch weitaus älter sein, oder aber hervorragende Sprachkenntnisse und eine sehr gute Schulausbildung, einige Jahre Berufserfahrung und einen in Kanada unterrepräsentierten Beruf. Bei durchschnittlicher Berufsausbildung und anschließender Erfahrung, sehr guten Kenntnissen in nur einer Sprache benötigen Sie auch im besten Einwanderungsalter meist ein Stellenangebot in Kanada. Ohne mindestens ein Jahr praktische Berufserfahrung wird Ihr Antrag in der Regel abgelehnt, es sei denn Sie können mit einer Stelle in Kanada aufwarten. Doch ohne Beziehungen wird dies äußerst schwierig für Sie werden, da der Arbeitgeber ja begründen muss, warum er ausgerechnet Sie einstellen möchte.

Sie müssen als Antragsteller über $10.000 für sich und $2.000 für jeden Angehörigen als Barmittel verfügen, um sich die erste Zeit in Kanada nicht gleich in staatliche Unterstützung begeben zu müssen. Unter Umständen müssen Sie dem zuständigen Visa-Bemten die tatsächliche Verfügbarkeit dieser Barmittel nachweisen.

Wenn Sie Ihren Antrag als independent immigrant abgeben möchten, müssen Sie **mindestens 70 Punkte** erreichen, doch auch wenn man vielleicht einen Punkt weniger erreicht haben sollte, sollte man die Antragstellung durchaus ins Auge fassen.

BUSINESS PLAN

Falls Sie als **Unternehmer/Kleingewerbetreibender (Entrepeneur / self-employed)** nach Kanada gehen möchten, müssen Sie für den Visa-Beamten einen detaillierten Geschäftsplan aufstellen, wie Sie sich Ihr Unternehmen in der Zukunft vorstellen. Denken Sie daran, Sie müssen sich und Ihr Vorhaben optimal verkaufen! Es sei denn, Sie wollen Millionen investieren, dann werden Sie wahrscheinlich überhaupt keine Probleme haben. Für alle anderen im folgenden eine kurze Erläuterung des empfohlenen **business plans:**

1. **Summary**
   kurze Einführung in das Vorhaben mit Vorstellung des Unternehmens
   2 bis 3 Seiten Pläne, Ziele, Budget, etc.

2. **The business**
   Stichpunkte, was angeboten wird
   spezifiziert

3. **Marketing Plan**
   Analyse-Trends
   Markt-Analyse
   costs & profits
   wer Endverbraucher
   Vertriebskanäle und deren Kosten

4. **Management and Organization**
   Struktur des Unternehmens

Eigentümer
Entscheidungsträger
Skills
Experience
Duties
Responsibilities

5. **Implementation Plan**
hier sollten Sie die Handlungen aufzeigen, die notwendig sind, um die gesteckten Ziele zu erreichen, die ungefähre Zeit in der man dies erreichen will - auch potentielle Probleme kann man hier anführen. Stellen Sie Ihr Unternehmen gut dar, aber dennoch ziemlich realistisch, denn wenn man Ihnen später Auflagen machen sollte, müssen Sie die auch einigermaßen erfüllen können!

6. **Financial Statements und Projections**
Finanzvorschau in Dollar und Cents der zu erwartenden Zukunft
wie ist die Cash-Position
wie ist die Funds-Position
wie ist die finanzielle Position überhaupt
best case / worst case - Situation

7. **Appendices**
Erlaubnisse, Genehmigungen
Verträge
Marketing Agreements
References
Analysis Details

Fertigen Sie diese Ausführungen sehr sorgsam an, der Visa-Beamte, dem Sie Ihren Geschäftsplan vorlegen werden, entscheidet über Ihren Antrag. Den business plan müssen Sie auch in dieser Form bei Banken bei einem späteren Kreditgesuch einreichen.

Als Unternehmer erhalten Sie auf folgenden Seiten weitere nützliche Informationen, die Selbständigkeit betreffend:

* www.cbsc.org/
* www.statcan.ca/
* www.ccra-adrc.gc.ca/

* www.mrfire.com/
* www.rc.gc.ca/
* www.womenconnect.ca/
* www.women.ca/
* www.chamber.yukon.net/

MEDIZINISCHE UNTERSUCHUNG

Wenn Sie den Antrag auf Erteilung einer ständigen Aufenthaltsgenehmigung abgegeben haben sollten, müssen Sie einen **Fragebogen** über Ihre medizinische Anamnese ausfüllen und sich einer gründlichen **Untersuchung** (auch Röntgenaufnahmen) unterziehen.

Sie bekommen von der Botschaft eine **Liste zuständiger Ärzte** mitgeteilt, in deren Praxis Sie sich einer Untersuchung unterziehen können. Ihr Hausarzt kann die Untersuchung nicht vornehmen. Jeder Ihrer Familie muss sich einer ärztlichen Untersuchung stellen. Die Kosten werden nicht von einer Krankenkasse übernommen und Sie müssen sie daher aus eigener Tasche zahlen.

Der untersuchende Arzt wird Sie nicht über das Resultat der Untersuchung aufklären. Falls Ihnen aufgrund **gesundheitlicher Einschränkungen** die Einreise nicht genehmigt werden sollte, wird die Botschaft Ihnen dies schriftlich mitteilen. Sollten Sie also nichts weiteres hören, hat man Sie für medizinisch geeignet erklärt. Die Untersuchungsberichte einschließlich der Röntgenaufnahmen sind Eigentum der kanadischen Behörden und Sie haben keinen Rechtsanspruch auf Einsicht oder gar Aushändigung der Unterlagen.

Falls Sie HIV-positiv sind, oder irgendwelche anderen ansteckenden Krankheiten haben sollten, werden Sie höchstwahrscheinlich keine Einwanderungserlaubnis erhalten. Ebensowenig bei Krankheiten, die anhaltende Krankenhausaufenthalte oder eine ständige, sehr teure medikamentöse Behandlung erforderlich machen würden. Auch bei psychiatrisch Erkrankten, deren Unterbringung in einer Einrichtung gewährleistet sein müsste, wird keine Erlaubnis erteilt werden. Kurz gesagt, falls die Krankheit oder die mögliche Behinderung das kanadische Gesundheitssystem erheblich finanziell belasten würde, wird die Einwanderung abgelehnt. Wenn Sie beispielsweise ein behindertes Kind, das auf ständige Pflege in einem Heim angewiesen ist haben sollten, rate ich Ihnen zu einer kurzen Anfrage bei der Botschaft, um sich möglicherweise die Kosten eines Antrages der vielleicht unter diesen Bedingungen eh abgelehnt werden würde, zu ersparen. Wichtig: Der untersuchende Arzt kann und darf Ihnen keine rechtsverbindlichen Auskünfte über eine mögliche Erlaubnis oder eine eventuelle Ablehnung geben, bitte beachten Sie dieses bei einer entsprechenden Nachfrageabsicht .

Nachstehend ein **kleiner Auszug** aus den Fragen, die Sie im Fragebogen auszufüllen haben und einen kleinen Überblick über das, was Sie bei dem Arzttermin erwarten könnte:

1. Anamnese

- Nose or throat trouble (Nasen-/Halsbeschwerden)
- Ear trouble or deafness (Ohrenbescherden / Taubheit)
- Chronic cough (chronischer Husten)
- Asthma
- Hernia (Leistenbruch)
- Tubercolosis
- Other lung desease (andere Lungenkrankheiten)
- High blood pressure (Bluthochdruck)
- Head or neck injuries (Kopf- / Halsverletzungen)
- Heart trouble (Herzkrankheiten)
- Cancer or tumor (Krebs)
- Mental or psychiatric disorders (geistige Erkrankungen)
- Diabetes mellitus
- Fainting spells, fits or seizures (Epilepsie)
- Trachoma or other eye trouble (Augeninfektionen)
- Ulcer (Magengeschwüre)
- Other abdominal trouble (andere Unterleibserkrankungen)
- Sexually transmitted diseases (Geschlechtskrankheiten)
- Genetic or familiar disorders (genbedingete oder erblich bedingte Krankheiten)
- Operations
- Malaria
- Tropical diseases (Tropenkrankheiten)
- Endocrine disorders (Erkrankungen der Drüsen)

Daran schließt sich die dann die Aufnahme Ihres derzeitigen Gesundheitszustandes an:

2. Ärztliche Untersuchung

- Head and neck (Kopf und Halswirbelsäule)
- Mouth and throat (Mund und Halsbereich)
- Ears (augenärztliche Untersuchung, sowie Untersuchung des Augenhintergrundes)
- Nose
- Heart (Herz)
- Chest, lungs and breasts (Brustkorb, Lungen, weibliche Brust - z. T. Röntgenaufnahmen)
- Abdomen, liver, spleen (Unterleib, Leber, Milz)
- Genito-urinary system (genital-urologische Untersuchung)
- Extremities and spine (Skelettsystem)
- Lymphatic system (Lymphsystem)
- Nervous system (Nervensystem)
- Mental illness (Geisteskrankheiten)
- Pregnancy (Schwangerschaft)
- Medication (momentane Medikamenteneinnahme)
- Treatment (momentane Behandlung)

PERSÖNLICHES INTERVIEW

Eines Tages, wenn sie die bisherigen bürokratischen Hürden allesamt überwunden haben, wird Ihnen vielleicht eine Einladung der kanadischen Botschaft zu einem **persönlichen Gespräch** ins Haus flattern. Dann haben Sie es schon fast geschafft! Denn wer von vorneherein von der Botschaft abgelehnt wird, wird sicherlich nicht zu einem Gespräch eingeladen werden. Daher - freuen Sie sich und bereiten Sie sich gut auf dieses Interview vor.

Der Visa-Beamte, der Ihnen gegenüber sitzt, beurteilt Sie und entscheidet letztendlich, ob er Sie für ein zukünftiges Leben in Kanada geeignet hält. Bei diesem Gespräch vergibt er eine gewisse **Punktanzahl**. Im Durchschnitt werden dem Bewerber 6 Punkte zuerkannt. Der Visa-Beamte kann Ihnen aber auch weniger Punkte geben, oder aber mehr. Bis zu maximal 10 Punkten sind hier vorgesehen.

Der Botschaftsangehörige wird Sie sicherlich danach fragen, wie Sie sich denn nun Ihr neues Leben in Kanada vorstellen, warum Sie eine Auswanderung in Betracht gezogen haben, welche **Vorbereitungen** Sie getroffen haben, etc. Ihre bisherigen beruflichen Kenntnisse werden zur Sprache gebracht, ebenso wie die Ihrer Angehörigen. Er wird Ihre **sprachlichen Fähigkeiten** abklopfen, sowie noch **offene Fragen** mit Ihnen abklären. Wenn Sie sich nicht fit genug fühlen sollten, das Gespräch in Englisch oder Französisch führen zu können, gibt es auch noch die Möglichkeit eines Dolmetschers von Seiten der Botschaft. Doch das würde ich nur in einer absoluten Ausnahmesituation annehmen (falls auch ohne die gewünschten Sprachkenntnisse die erforderliche Punktzahl erfüllt wird). Natürlich sollten sich Ihre Angaben im Antrag über die Sprachkenntnisse mit dem Sprachvermögen im Interview auch decken. Da Sie ja kein Muttersprachler sind, müssen Sie auch nicht perfekt sein, sollten Sie immer im Hintergrund bedenken. Falls Sie sich als Unternehmer um eine Einwanderungserlaubnis beworben haben sollten, wird der Beamte vielleicht noch einige Fragen zu Ihrem geplanten Geschäftsstart haben, oder aber sogar betriebswirtschaftliche Dinge mit Ihnen erörtern. Seien Sie einfach gewappnet für all solche Fragen und bereiten Sie sich entsprechend darauf vor. Proben Sie evtl. mit Ihrem Partner ein mögliches Interview mit allen Ihnen einfallenden Fragen, die in einem solchen Rahmen gestellt werden könnten.

An diesem Gespräch sollten alle Familienangehörige über 18 Jahren teilnehmen. Es kann Ihnen aber durchaus auch passieren, dass Sie erst gar nicht zu einem Interview eingeladen werden, sondern gleich Ihr Visa erhalten. In diesem Falle hat Sie der Visa-Beamte ohne vorheriges Gespräch für „kanada-tauglich" gehalten. Wenn Sie also keine Einladung zu einem persönlichen Gespräch nach einiger Zeit erhalten sollten, muss das daher nicht unbedingt als negativ angesehen werden.

Das Interview war die letzte zu erklimmende Hürde. Wenn sie auch dies durchgestanden haben sollten, steht möglicherweise einer Zustimmung Ihres Antrages nichts mehr im Wege. Die Entscheidung wird die Botschaft Ihnen schriftlich zukommen lassen.

PUNKTESYSTEM

Nun kommen wir zum wohl wichtigsten Kriterium des Einwanderungsprozesses, an dem potentielle Einwanderer sich messen lassen müssen. Wenn Sie die erforderliche Punktzahl, die Sie zur Genehmigung Ihres Antrages benötigen, erreichen sollten, ist dies schon eine fast perfekte Bewerbung.

Das Punktesystem ist in 10 unterschiedliche Faktoren zur Bemessung eingeteilt, in denen es entweder gilt, eine Mindestpunktzahl zu erreichen, ohne die es zwangsläufig zu einem ablehnenden Bescheid kommt, oder aber eine Maximalpunktzahl, abhängig von der jeweiligen Situation des Bewerbers.

Unterschieden wird in:

1. Alter (Age)
   maximal 10 pts.

2. Schulbildung (Education)
   maximal 16 pts.

3. Berufsausbildung (ETF)
   maximal 18 pts.

4. beurteilt wird, ob der Beruf in Kanada oder in der ausgesuchten Provinz benötigt wird (Occupation)
   maximal 10 pts.

5. Angebot über einen Arbeitsplatz in Kanada (Arranged Employment)
   maximal 10 pts.

6. Berufserfahrung, abhängig von dem jeweiligen Beruf (Work Experience)
   maximal 8 pts.

7. vorhandene Sprachkenntnisse der beiden Amtssprachen (Language Ability)
   maximal 15 pts.

8. Orts/Altersfaktor in Kanada, festgesetzt durch die Botschaft
   (Demographic Factor)
   10 pts.

9. Persönliche Eignung des Bewerbers in Kanada, Punkte werden im Interview vergeben (Personal Suitability)
   maximal 10 pts.

10. Familienangehörige in Kanada (Relative in Canada)
    maximal 5 pts.

Es gibt bei den verschiedenen Faktoren insgesamt **108 mögliche Punkte**, die man erreichen kann. Sie sollten, ausgenommen der Business-Kategorie, **mindestens 70 Punkte** erreichen. Sofern Sie **weniger als 60 Punkte** erreichen sollten, wird Ihre Bewerbung nicht weiter beachtet. Bedenken Sie dies bitte vor der Abgabe Ihres Antrages.

Im Anschluss können Sie anhand Ihrer eigenen Angaben Ihre mögliche Punktzahl überprüfen. Dann können Sie, falls Sie die erforderliche Punktzahl nicht erreichen sollten, vielleicht noch Ihre Sprachkenntnisse verbessern oder ähnliches zur Punkteaufbesserung tun.

Faktor 1 : Age

Alter	Punkte
18 Jahre	4
19 Jahre	6
20 Jahre	8
21-44 Jahre	0
45 Jahre	8
46 Jahre	6
47 Jahre	4
48 Jahre	2
über 49 Jahre	0

Daraus können Sie ersehen, dass die kanadische Regierung die meisten Punkte für die 21-44 Jahre alten Bewerber vergibt. Diese Altersgruppe ist anpassungsfähig, im besten Arbeitsalter, steht somit dem Arbeitsmarkt zur Verfügung und besitzt vielfältige Erfahrungen. Es ist auch das Alter der potentiellen Familiengründungen, wodurch der Bewerber sich mit dem Land verwurzelt.

IHRE PUNKTZAHL: ....

Faktor 2: Education

Hier vergleichen Sie Ihren ehemals erreichten Schulabschluss/Universitätsabschluss mit den Vorgaben.

erreichte Schulbildung	Punkte
kein Schulabschluss, secondary school nicht abgeschlossen	0
secondary school, o. Berufsabschluss, Universitätszugang nicht möglich	5
secondary school, Universitätszugang möglich	10
secondary school mit Berufsausbildung	10
post-secondary program mit Berufsausbildung ohne Universitätszugang	10
post-secondary program mit Berufsausbildung Universitätszugang möglich	13
Universitätsabschluss	15
Universitätsabschluss z. B. Masters, PhD, etc.	16

IHRE PUNKTZAHL: ....

Faktor 3: ETF

Die Punktvergabe ist abhängig von der **Dauer Ihrer Ausbildung**, oder der **nötigen Vorbildung** und/oder der Ausbildung, die notwendig ist, um in Kanada erfolgreich berufstätig zu sein. Die Anzahl der erreichbaren Punkte entnehmen Sie aus der General Occupation List anhand der dort aufgeführten und auf Sie zutreffenden Berufsbezeichnungen.

Berufsbezeichnung/Trainingsfaktor	Punkte
Falls Ihr Beruf gelistet ist, geben Sie sich die Punktzahl, die unter ETF zu finden ist.	as listed
Falls Ihr Beruf nicht gelistet sein sollte, Sie aber ein „arranged employment" haben sollten, sind die ETF-Punkte auf dem Dokument des HRCC zu finden	as shown

IHRE PUNKTZAHL: ....

Faktor 4: Occupation

Nun müssen Sie aus der zur Zeit gültigen General Occupation List Ihren **Beruf / Ihre Berufsbezeichnung** heraussuchen. Dort finden Sie vier Spalten vor: Die erste (NOC) enthält eine Nummer, unter der Ihr Beruf bei den kanadischen Arbeitsämtern geführt wird, vergleichbar mit unserer Berufsklasse beim deutschen Arbeitsamt. In der zweiten Spalte (OCCF) ist die für diesen Faktor anwendbare Punktzahl zu finden, die dritte Spalte (ETF) gibt die erreichbaren Punkte des vorherig besprochenen Faktors an und aus der vierten Spalte können Sie Ihre Berufsbezeichnung ablesen. Die Berufbezeichnungen sind alphabetisch geordnet.

Berufsbezeichnung	**Punkte**
Falls Ihr Beruf in der Liste geführt wird, entnehmen Sie ihr bitte die angegebene Punktanzahl - falls Ihr Beruf nicht aufgeführt sein sollte, nehmen Sie die, die Ihrem Beruf am nächsten kommt und deren Punkte-Anzahl	as listed
Wenn Sie dort keinen Beruf vorfinden, der dem Ihren auch nur etwas entspricht	0
Wenn Sie ein „arranged employment“ haben	10

IHRE PUNKTZAHL: ....

Faktor 5: Arranged Employment

Als arranged employment wird das unter dem Kapitel Arbeit beschriebene Offer of Employment bezeichnet. Der Arbeitgeber hat hierbei gegenüber den kanadischen Arbeitsämtern nachweisen müssen, dass die offene Stelle weder mit einem kanadischen Staatsangehörigen oder aber mit einem permanent resident zu besetzen war.

Sollten Sie daher mit Bekannten vielleicht etwas deichseln wollen, rate ich Ihnen keine Stelle als Hausmeister, Gärtner oder ähnliches als **Stellenangebot** zu bezeichnen. Für diese nicht unbedingt nach ungeheurer Qualifikation schreienden Arbeitsfelder gibt es sicherlich auch in Kanada genügend Bewerber, die in Frage kommen. Der mögliche Arbeitgeber sollte eine Stellenausschreibung für eine Fachkraft mit Ihren spezifischen Fähigkeiten und Kenntnissen (vielleicht sind es Ihre Sprachenkenntnisse oder die besondere Art Ihrer Ausbildung, oder.....) tätigen und mehrere Monate nicht besetzen können, aus welchen Gründen auch immer. Sie sollten nur glaubhaft dargelegt werden.

Vorraussetzung	**Punkte**
Wenn sie ein bestätigtes Angebot des HRCC über ein arranged employment haben. (Falls die ETF-Punktanzahl 15 oder mehr beträgt, geben Sie sich **auch** bei Faktor 3 die Höchstpunktzahl von 10 - sofern Sie ein Stellenangebot besitzen)	10
Wenn Sie zu einem klerikalen Mitarbeiterkreis gehören sollten und Ihnen in Kanada von einer kirchlichen Organisation eine bezahlte Stelle angeboten wurde und Sie diesen Nachweis auch real erbringen können (z. B. durch einen entsprechenden Brief)	10

Wenn Sie in einem Unternehmen Ihrer Familie in Kanada eine Vollzeitbeschäftigung aufnehmen (dieser Prozess muss in Kanada von ihrer Familie eingeleitet werden und ein Offer of Employment ist nötig)	10

IHRE PUNKTZAHL: ....

Faktor 6: Work experience

In dieser Kategorie brauchen Sie mindestens einen Punkt, da ansonsten Ihr Einwanderungsgesuch automatisch abgelehnt wird. Eine Ausnahme wird nur erfolgen, wenn sie ein Stellenangebot vorliegen haben und das zuständige kanadische Arbeitsamt bestätigt, dass der mögliche Arbeitgeber keinerlei Berufserfahrung von Ihnen fordert.

Die Punktanzahl hängt einerseits von Ihrer **Beruserfahrung** nach dem Abschluss Ihrer **Ausbildung** ab und andererseits von der Punktanzahl, die Sie unter Faktor 3 erreicht haben.

Nachstehend können Sie die für Sie maßgebliche Punktzahl ablesen.

ETF-pts.	1 Jahr	2 Jahre	3 Jahre	4 Jahre und mehr
1-2	2	2	2	2
5-7	2	4	4	4
15	2	4	6	6
17-18	2	4	6	8

Keinerlei Berufserfahrung in Ihrem angegebenen Beruf führt automatisch zu einer Ablehnung Ihres Einwanderungsgesuches.

IHRE PUNKTZAHL: ....

Faktor 7: Language ability

Hier müssen Sie nun Ihre Sprachkenntnisse beurteilen. Beurteilen Sie diese nicht zu großzügig - evtl. müssen Sie sie im Interview unter Beweis stellen. Wenn sie allerdings Crashcurse in einer oder gar beiden Sprachen belegen möchten (so können Sie die Wartezeit auch erfolgreich überbrücken), überlegen Sie sich, welche Sprachkenntnisse Sie in dieer Zeit erreichen könnten und geben sich dann die zutreffende Punktzahl. Die mögliche Punktanzahl spricht für sich und man sollte sich daran begeben, zumindest eine der beiden Sprachen recht flüssig zu erlernen. Eine gute Seite im Internet ist auch www.globalenglish.com, wo Sie Ihre Kenntnisse vertiefen und Ihre Grammatik verbessern können.

Da Kanada ein zweisprachiges Land ist, werden auch beide Sprachen in ihrem jeweiligen Kenntnisstand beurteilt. Wenn Sie beide Sprachen flüssig sprechen, geben Sie sich 15 Punkte. Bedenken Sie aber auch, wenn Sie sich beispielsweise in British Columbia niederlassen möchten, vermehrt Englischkenntnisse verlangt werden, in Québec dagen wohl eher gute Französischkenntnisse. Wählen Sie die Sprache, die Sie besser beherrschen, als erste Fremdsprache aus, da die Punktvergabe hierbei höher ausfällt als bei der Beurteilung der zweiten Fremdsprache, wobei mir allerdings die Gründe etwas rätselhaft erscheinen.

Fluent bedeutet, dass Sie die jeweilige Sprache sehr gut verstehen und keine Schwierigkeiten haben sollten, sich auch in einem professionellen Umfeld ausdrücken zu können, vor allem in der beruflichen Umgebung.

Well bedeutet, dass Sie sich durchaus einigermaßen unterhalten können, vor allem aber eher in privaten Situationen und über familiäre Dinge (beruflich sollten Sie sich aber zumindest ein klein wenig ausdrücken können).

With difficulty bedeutet, dass Sie nur einige wenige Worte lesen, schreiben oder sprechen können und sich daher nicht auszudrücken vermögen. Dies ist natürlich bei einer beabsichtigten beruflichen Tätigkeit in Kanada dann für den Visa-Beamten nur schwer nachzuvollziehen.

Anhand der nachstehenden Übersicht rechnen Sie sich - nachdem Sie Ihre sprachlichen Fertigkeiten beurteilt haben - bitte aus, welche Punktzahl Sie für die Fähigkeit in Englisch oder Französisch zu reden, zu schreiben oder zu lesen erreichen.

Für insgesamt 0-1 Punkte erhalten Sie 0 Punkte.
Für insgesamt 2-5 Punkte erhalten Sie 2 Punkte.
Für insgesamt 6-15 Punkte übernehmen Sie die erreichte Punktzahl.

1st Language	**Read**	**Write**	**Speak**
Fluent	3	3	3
Well	2	2	2
With difficulty	0	0	0

2nd Language	**Read**	**Write**	**Speak**
Fluent	2	2	2
Well	1	1	1
With difficulty	0	0	0

HRE PUNKTZAHL: ....

Faktor 8: Demographic factor

Hier wird **eine von der kanadischen Regierung vorgegebene Punktzahl** an **jeden Bewerber** vergeben. Hierbei wird der Altersfaktor der kanadischen Bevölkerung zum Ortsfaktor, der für die berufliche Tätigkeit wichtig ist, in Relation gesetzt. Zur Zeit beträgt die Punktanzahl 10 Punkte, ist also Anfang des Jahres 2000 um zwei Punkte heraufgesetzt worden. Sie sollten sich aber stets über den neuesten Stand auf dem laufenden halten. Wie ich Ihnen schon am Anfang des Buches erklärt habe, können Sie eventuelle erfolgte oder beabsichtigte Änderungen in den Einwanderungsbedingungen und den jeweils gültigen Stand auf den folgenden Web-Seiten abrufen:

* www.cicnet.ci.gc.ca
* www.kanada-info.de

IHRE PUNKTZAHL:	**10**

Faktor 9: Personal suitability

Hierbei wird versucht zu ermessen, wie mehr oder weniger erfolgreich man sich als Antragsteller oder aber als Familie in Kanada niederlassen kann. Die Punktvergabe ist abhänig von der jeweiligen Motivation und der persönlichen Eignung des Bewerbers, sowie die bisherigen Initiativen, die von Ihnen möglicherweise ergriffen worden sind und deren Sorgfältigkeit.

Diese Punkte werden Ihnen **nur in einem persönlichen Interview** gegeben. Die Anzahl hängt von dem Visa-officer ab. Durchschnittlich erreicht der Bewerber 5-7 Punkte. Sie können sich daher durchschnittliche 6 Punkte geben.

Anmerkung

Zu beachten ist hierbei, dass Ihre Bewerbung keine weitere Bearbeitung erfahren wird, wenn Sie nicht mindestens 60 Punkte vor dem Hinzuzählen dieser möglichen sechs Punkte erreicht haben.

IHRE PUNKTZAHL: **6**

Faktor 10: Relative in Canada

Falls Sie engere Familienangehörige in Kanada haben sollten, können Sie **5 Bonuspunkte** an sich vergeben.

Die Familienzusammengehörigkeit müssen Sie natürlich mit den entsprechenden Dokumenten belegen können. Die Familienangehörigen müssen entweder kanadischer Staatsangehörigkeit sein, oder den Status als permanent resident besitzen. Nur diese Form der **Antragstellung kann in Kanada getätigt werden**, alle anderen außerhalb der kanadischen Landesgrenzen.

IHRE PUNKTZAHL: ....

Nun addieren Sie bitte die Punkte der einzelnen Faktoren:

Factor		Maximum Points	Your Score
1	Age	10	
2	Education	16	
3	ETF	18	
4	Occupation	10	
5	Arranged employment	10	
6	Work experience	8	
7	Language ability	15	
8	Demographic factor	10	**10**
9	Personal suitability	10	**6**
10	Relative in Canada (bonus)	5	**(5)**
		GESAMT:	....

Auszug aus der General Occupation List 2000

Stand Mai

NOC	OCCF	ETF	TITLE
2146.0	5	17	Aerospace Engineers
1122.2	3	15	Advertising + Marketing Consultant
2151.0	1	15	Architects
6252.0	1	15	Bakers
1231.0	1	7	Bookkeeper
2221.1	1	15	Biological Technicians
6241.3	10	7	Chefs and specialist chefs (cooks)
2147.1	5	17	Computer Hardware Engineers
2163.0	10	15	Computer Programmer
5121.3	3	15	Copywriter
3223.0	1	15	Dental Technician
3132.0	1	17	Dieticians and Nutrionists
7266.2	5	2	Die Setters
4162.0	1	17	Economists + Economy Policy
5122.0	3	17	Editors
2133.0	5	17	Electrical + Electronic Engineers
4153.0	5	18	Family, Marriage reltd. Counsellors
1434.3	1	5	Financial Clerks
2122.0	1	17	Forestry Professional
5244.2	1	15	Glass Blowers
4169.3	1	18	Geographers
2144.0	5	17	Geological Engineers
4169.4	1	18	Historians
2252.0	1	15	Industrial Designer
1233.1	3	7	Insurance Adjuster

2152.0	1	17	Landscape Architects
1242.0	5	5	Legal Secretaries
5111.0	3	18	Librarians
7131.1	1	15	Machinists
2161.1	1	18	Mathematicians
1243.0	5	7	Medical Secretaries
2262.2	1	15	Motor Vehicles Defect Investigators
3143.0	10	17	Occupational Therapists
3211.2	5	15	Pathologists Assistants
5221.0	1	2	Photographers
3142.0	10	17	Physiotherapists
5244.4	1	15	Potters
3219.3	10	15	Prosthetists
3215.3	10	15	Radiation Therapists
7313.0	1	7	Refrig. and Air Condit. Mechanics
3214.1	10	15	Respiratory Therapists
7343.1	1	2	Shoemaker
4152.0	5	17	Social Worker
3141.2	10	18	Speech/Language Pathologists
7232.0	3	17	Technical Writers
7232.0	5	15	Tool and Die Makers
5125.1	1	18	Translators
3114.0	1	18	Veterinarians
7265.0	1	15	Welders

VERHALTEN BEI ABLEHNUNG

Falls über Ihren Antrag nicht positiv entschieden wird, sollten Sie die **Gründe**, die zu dieser Ablehnung führten, genauestens zu erörtern versuchen.

Lag es vielleicht an zu wenig Berufserfahrung, dann sollten Sie sich schnelltens eine derartige Stelle suchen um mehr Berufspraxis zu bekommen. Lag es vielleicht an mangelnden Rücklagen, hilft nur weiteres eisernes Sparen, um zum ersehnten Ziel zu kommen. Vielleicht lag es auch an einer Geschäftsidee, die auf dem kanadischen Markt keine Chance hatte - dann analysieren Sie die kanadischen Gegebenheiten nochmals, verbringen Sie Ihren nächsten Urlaub in Kanada, knüpfen Sie Kontakte, suchen Sie sich eine mögliche Arbeitsstelle, wobei der Arbeitgeber bereit sein muss, sich den bürokratischen Aufwand aufzubürden. Haben Sie möglicherweise einen Beruf, an dem auch in Kanada kein Mangel an Arbeitskräften herrscht, dann hilft es vielleicht, wenn Sie eine Selbständigkeit in Betracht ziehen. Oder aber Sie bilden sich entsprechend weiter und sammeln in Ihrem neuen Tätigkeitsfeld entsprechende berufliche Erfahrungen.

Stellen Sie einen **erneuten Antrag**, wenn Sie der Meinung sind, die neuen Anforderungen erfüllen zu können. Bleiben Sie am Ball, informieren Sie sich weiterhin, so dass auch die Botschaft bzw. der zuständige Visa-Beamte ersehen kann, dass Sie sich Mühe geben und immer noch das Ziel haben, einen neuen Lebensabschnitt in Kanada zu beginnen.

Als letztes Mittel, falls Ihrem Antrag auch nach mehrmaligem Einreichen nicht stattgegeben worden ist, bleibt Ihnen noch die Möglichkeit der Einreise nach einer Erlaubniseinholung beim zuständigen Premierminister (**ministers permit**). Auch hierüber informiert Sie die Botschaft in solch einem Fall.

Gebührenliste der kanadischen Botschaft

Stand Mai 2000

Ein wichtiger und nicht zu vergessender Kostenaspekt sind die Gebühren, die seitens der kanadischen Regierung für die Bearbeitung Ihres Antrages erhoben werden. Über mögliche Erhöhungen sollten Sie sich ebenfalls erkundigen auf den angegebenen Webseiten.

APPLICATION & OTHER FEES

Application fees (not refundable)

Applicant, independant	$500
Entrepeneur, business class	$1.000
Dependant , spouse each over 19	$500
Children, each under 19	$100

Right of Landing Fee (refundable)

Applicant, independant	$975
Entrepeneur	$975
Dependant, each	$975
Children	$ -
Employment Authorization	$150
Student Authorization	$125

Anmerkung für Österreicher und Schweizer

Die in diesem Buch von mir gemachten Angaben, die eine mögliche Einwanderung betreffen, gelten auch für das deutschsprachige Ausland. Die Staatsbürger aller drei Nationen (D, A, CH) unterliegen den **gleichen Einwanderungsbedingungen** bei den kanadischen Behörden.

Somit können auch alle angegebenen Anschriften und Internetadressen gleichermaßen benutzt werden. Spezifische deutsche Adressen, die zu meinen Recherchen benötigt wurden, beispielsweise die Angebotseinholung bei verschiedenen Speditionen, sollten sowieso nur der allgemeinen Information dienen und sind auf den Einzelfall meistens nicht übertragbar, da diese Angaben sich überwiegend auf mein spezielles ehemaliges Wohngebiet beziehen. Die gemachten Angaben sollten Ihnen ein Anhaltspunkt dafür sein, wie man in bestimmten Situationen vielleicht am besten vorgehen sollte. Die vorzufindenden **landesspezifischen Adressen** habe ich, soweit sie mir bekannt waren, im Anhang verzeichnet.

Für **besondere nationale Gesetze**, ich möchte hier nur die eventuell mögliche Beibehaltung Ihrer alten Statsangehörigkeit erwähnen, bitte ich Sie, sich eigenständig über die zur Zeit in Ihrem Land geltenden Gesetze zu informieren, da dies den Rahmen dieses Ratgebers vollends gesprengt hätte.

Umzug

VORBEREITUNGEN

Ihren Umzug sollten Sie von langer Hand im voraus planen. Wenn Sie Ihr Visa (das Visum ist bis maximal 11 Monate gültig) erst in den Händen halten, möchten Sie vielleicht gleich - am besten sofort - nach Kanada. Daher ist es ratsam, persönliche Angelegenheiten schon so frühzeitig wie möglich zu regeln. Ein gewisses Maß an Organisationstalent **und** eine wohldurchdachte Planung des Umsiedlungsprozesses gestaltet aber vieles leichter.

Überlegen Sie sich schon bei der Antragstellung, auf was Sie in Kanada verzichten möchten und auch tatächlich können, oder aber was Sie unbedingt mitnehmen wollen. Man kann nicht so einfach seine Koffer packen und umziehen. Vielleicht möchten Sie sich ja auf das Notwendigste beschränken. Doch auch hierbei werden Sie wohl nicht ohne Container oder zumindest Seekisten auskommen. Wie viele Erinnerungsstücke besitzt man doch (Photos, alte Familienbilder, Omas Lieblingsvase, altes Porzellan oder was auch immer), will man wirklich auf sie gänzlich verzichten und alle Brücken rigoros hinter sich abbrechen? Vielleicht, wenn Sie noch einen Auswanderwilligen kennen sollten, könnte man sich einen Container und die anfallenden Kosten teilen. Vielleicht können Sie aber schon nacheinander bestimmte Teile zu einem Bekannten per Paketen (die aber auch nicht gerade preiswert sind) versenden. In solch einem Fall deklarieren Sie das Paket für den Zoll am besten als Geschenk. Dann dürfte es keinerlei Schwierigkeiten geben. Lassen Sie Ihren Hausrat oder ähnliches aber auf keinen Fall vorzeitig verschiffen. Sie wissen nicht, ob Sie sofort eine Genehmigung zur Einwandrung erhalten werden und außerdem ist eine Lagerung im Zollhof natürlich äußerst teuer. Daher ist es ratsam, den Hausrat und die Möbel, falls Sie sich zu einer Mitnahme entschließen sollten, erst kurz vor Ihrer Abreise zu verschiffen. Wenn man Familie hat, ist es sowieso meist nicht anders möglich, denn wo sollen die Kinder in der Zwischenzeit schlafen, oder wie kocht man das Essen, etc. Vielleicht haben Sie ja Eltern oder Großeltern, bei denen man für eine gewisse Übergangszeit unterkommen könnte, aber ich fand es besser, dann lieber erst einmal in Kanada ein paar Tage in einer Lodge oder einer

Pension zu wohnen. Doch diese Wahl haben Sie zu treffen. Wenn Sie wissen, wo Sie in Kanada wohnen werden, dürfte der Termin der Verschiffung das kleinste Hindernis, das sich auftürmt, sein.

Kündigen Sie Ihre vielleicht bestehende **Versicherungen**, wenn Sie genaueres wissen. Hausratversicherung, Privathaftplichtversicherung und Rechtsschutzversicherung werden Sie in Kanada wohl kaum nutzen können. Vergessen Sie auch nicht, sich von Ihrer Autohaftplichtversicherung den bisherigen **Schadensfreiheitsrabatt** schriftlich dokumentieren zu lassen. Nehmen Sie auch Ihren **Original-Versicherungsschein** mit nach Kanada. Manchmal müssen Sie diesen der Versicherungsgesellschaft vorlegen.

Gehen Sie in die Sprechstunde eines Rentenberaters und wenden Sie sich an den für Sie zuständigen Rentenversicherungsträger. Lassen Sie sich dort Ihren **bisherigen Rentenanspruch** ausrechnen und bescheinigen. Vergessen Sie natürlich auch nicht Ihnen zustehende mögliche Kindererziehungszeiten. Durch staatliche Abkommen wird Ihr Rentenanspruch, den Sie sich gegenüber einer deutschen Rentenversicherung erworben haben sollten, auch an Sie in Kanada ausgezahlt - auch wenn Sie in der Zukunft die kanadische Staatsbürgerschaft angenommen haben.

Falls Sie sich dauernd in ärztlicher Behandlung befinden, oder aber früher gewisse ernstzunehmende gesundheitliche Probleme gehabt haben sollten, bitten Sie den behandelnden Arzt um die **Herausgabe Ihrer Unterlagen** und eventueller **Röntgenaufnahmen**. Vielleicht werden Sie Ihnen später einmal von großem Nutzen sein.

Melden Sie Ihre Kinder vom **Kindergartenbesuch** oder von der **Schule** ab (wenn der Umzug möglicherweise vor dem Termin der Zeugnisausgabe liegt, sprechen Sie mit dem zuständigen Klassenlehrer oder dem Schulleiter - oft ist es möglich, das Zeugnis im voraus auszustellen oder aber Ihnen nachzusenden). Eventuell lassen Sie sich die Klasse und gewählte Schulform Ihres Kindes im Schulsekretariat bestätigen.

Vergessen Sie nicht die Kündigung Ihres **Arbeitsplatzes** (sofern Sie den Termin des Umzuges schon wissen - ansonsten kann es leicht zum Eigentor werden) und bereiten Sie Ihre Familie, Verwandte und Bekannte langsam auf Ihre Auswanderung vor. Hinterlassen Sie, wenn Sie es möchten, bei allen Bekannten Ihre **neue Adresse**, dann wird man Sie beispielsweise auch bei einem späteren geplanten Klassentreffen ausfindig machen können und Sie werden auch weiterhin Glückwunschkarten erhalten - und vor allem halten Sie den Kontakt zu Ihren alten Freunden aufrecht. Auch und gerade für die Kinder ist das zumindest in der ersten Zeit recht hilfreich. Man kann ja nicht einfach so einmal nach Deutschland fliegen (die Flugpreise liegen immerhin zwischen 600,-DM und 1600,-DM). Und das **Telefonieren** ist von Deutschland aus gün-stiger. Mittlerweile können Sie in Kanada von Deutschland aus für 0,19 DM anrufen - billiger als so manches Handy-Gespräch hierzulande. Das würde ich auf jeden Fall meiner Familie und meinen Freunden mitteilen. Aber vielleicht tut sich ja in dieser Hinsicht auch noch so einiges in Kanada.

Sie dürfen auch nicht vergessen, den **Telefonanschluss** zu kündigen, sich über die Kompatibilität Ihres **Handys** zu vergewissern oder aber auch hier bestehende Verträge aufzukündigen oder weiterzuverkaufen.

Schauen Sie nach, sofern Sie das noch nicht vor der Antragstellung getan haben sollten (würde ich Ihnen aber auf jeden Fall anraten), wie lange Ihre Pässe noch gültig sind. Bei einer Laufzeit von weniger als zwei oder drei Jahren lassen Sie die Reisepässe vorher verlängern, bzw. neu ausstellen. Man kann, wenn die Gemeinde oder die Stadt nicht bereit ist zu einer Verlängerung oder Neuausstellung, auch sagen, man hat die Pässe leider verloren. Vernichten Sie die alten aber nach Neuausstellung bitte. Die Validität Ihrer Visa ist abhängig von der **Gültigkeit Ihrer Passdokumente.** Das sollten Sie durchaus beachten.

Anmerkung:

Behalten Sie bei der Einreise nach Kanada Ihre alten Ausweise, wie Reisepässe oder Personalausweise. Normalerweise dürfen Sie seitens der kanadischen Behörden Ihre deutschen Pässe aber behalten und werden noch nicht einmal nach deren Vorhandensein befragt. Von deutscher Behördenseite aus müssten sie Ihre Reisedokumente aber abgeben, da Deutschland ja auch keine doppelte Staatsbürgerschaft vergibt.

Aber, wenn wider Erwarten doch etwas schief laufen sollte in Ihrer neu gewählten Heimat, haben Sie es bei einer Rückreise nach Deutschland weitaus einfacher. Sie brauchen dann keinen neuen Pass zu beantragen und vor allem keine Einwanderungserlaubnis, sofern Sie bei der Ausreise dies deutschen Behörden nicht kund getan haben. Dieser Usus ist aus deutscher Behördensicht sicher nicht ganz in Ordnung, doch solange Sie nichts Ungesetzliches mit Ihren Pässen veranstalten - beispielsweise in jedem Land arbeiten und in keinem Steuern zahlen - und das setze ich einfach voraus, wird Sie sicherlich keiner strafrechtlich verfolgen.

Es gibt halt immer auch einmal nicht so glücklich endende Einwanderergeschichten, was meiner Meinung aber oftmals an falschen Vorstellungen und mangelnder Vorbereitung liegt - doch dem haben Sie hoffentlich durch das Verschlingen von Informationen jeglicher Art vorgebeugt. Kurz vor Ablauf Ihrer deutschen Dokumente fliegen Sie nach Deutschland und lassen sie einfach verlängern. Das geht natürlich nur dann noch, wenn Sie in Deutschland auf einem Einwohnermeldeamt gemeldet sind. Wenn Sie sich Ihrer Sache dann nach einiger Zeit sicher sind und in Kanada für immer bleiben wollen können Sie dies dann auch den deutschen Behörden kundtun. Ebenso würde ich mit dem Führerschein verfahren.

Anmerkung

Wenn Sie wie vorhergehend geschildert vorgehen möchten, empfehle ich Ihnen, sofern Sie oder Ihr Sohn den **Wehr- oder Ersatzdienst in Deutschland** noch nicht absolviert haben, sich darüber im Klaren zu sein, dass sie diesen ableisten müssen, wenn sie Ihren Wohnsitz noch in Deutschland haben. Man kann das aber dann auch noch kurzfristig regeln, denke ich. Über den kanadischen Wehrdienst/freiwillige Berufsarmee können Sie sich auf folgender Webseite erkundigen:

www.dnd.ca

Lassen Sie Ihren nationalen Führerschein in einen internationalen **Führerschein umschreiben**. Dann können Sie zumindest ein Jahr damit in Kanda fahren, wenn man sich als Tourist ausgibt. Wenn Sie Ihr Auto verkaufen möchten, kümmern Sie sich frühzeitig darum, falls Sie keinen hohen Verlust hinnehmen möchten. Passen Sie eine gute Gelegenheit ab, verkaufen Sie Ihr **Auto** und kaufen sich für die Übergangszeit möglicherweise ein uraltes aber preiswertes Auto mit etwas TÜV. Halten Sie Ausschau nach einem Schrotthändler oder einer Autoverwertung, bei der Sie vor dem Umzug Ihr Auto kostenfrei - aber mit Verwertungsnachweis - loswerden können. Falls Sie Ihr Auto mit nach Kanada nehmen möchten (dampfstrahlgereinigt), ist dies ebenfalls möglich. Sie müssen zwar keinen Zoll entrichten, bedenken Sie aber die mögliche hohe Verschiffungsgebühr. Holen Sie Erkundigungen bei einzelnen Übersee-Speditionen über die anfallenden Kosten ein. Auch zu beachten sind die zum Teil weitaus höheren Ersatzteilpreise für Fahrzeuge aus deutscher Produktion. Holen Sie sich ebenfalls über bestimmte gesetzliche Bestimmungen (Stoßdämpfer, Katalysator, etc.) Erkundigungen bei nachstehender Anschrift des zuständigen Ministeriums ein:

* Ministry of Transport
Road & Motor Vehicle Traffic Safety Branch
Ottawa, ON
Canada K1A 0N5

Bedenken Sie eventuell noch bestehende **finanzielle Verpflichtungen**. Ein kleiner unbedeutsam erscheinender Rechnungsbetrag kann, wenn Sie nicht mehr erreichbar sind zu ungeahnten Problemen führen. Ein gerichtliches Mahnverfahren mit anschließender gescheiterter Zwangsvollstreckung und Beantragung der Abgabe einer eidesstattlicher Versicherung, kann bei einer Nichtabgabe dieser (Sie wären dann ja nicht mehr in Deutschland) zur Ausstellung eines Haftbefehles führen, was Ihnen den Besuch in Deutschland zu einem unliebsamen Ereignis wer-den lassen könnte. Daher sorgen Sie vor: Lösen Sie **Kredite** ab, gleichen Sie Ihr Konto aus, vergessen Sie nicht vorhandene **Bausparverträge** oder dergleichen. Eine Auszahlung Ihrer **Lebensversicherung** kommt Sie in jedem Fall ungünstig zu stehen. Wenn Sie die Beiträge nicht mehr weiterzahlen möchten, kürzen Sie eher die Versicherungssumme und die Laufzeit, als dass Sie sich das Guthaben auszahlen lassen.

Wenn Sie diese Verträge nur mit Verlust aufkündigen können, wäre es unter Umständen durchaus ratsam, sie weiterlaufen zu lassen. Vielleicht können Sie das Geld auch von Kanada aus überweisen, oder aber Sie beauftragen jemanden aus Ihrer Familie oder aus dem Freundeskreis damit. Demjenigen können Sie dann das notwendige Geld für ein paar Monate im voraus überweisen, oder als Scheck zukommen lassen. Wählen Sie aber wirklich nur eine Person Ihres absoluten Vertrauens aus, denn bei Geld hört so manche Freundschaft auf und Kanada ist weit weg!

Sofern Sie **Arbeitslosengeld, Arbeitslosenhilfe, Kindergeld** oder gleichwertige Sozialleistungen erhalten, sollten Sie sich fristgemäß aus deren Bezug streichen lassen, da Sie sich durch einen weiteren ungerechtfertigten Bezug dieser Leistungen unter Umständen strafrechtlich verantworten müssen.

Denken Sie auch an eine eventuelle Abgabe noch ausstehender **Einkommens- oder Lohnsteuerjahreserklärungen** (Informieren Sie sich gegebenenfalls über steuerliche Vorteile, den Umzug betreffend, bei Ihrem Steuerberater, besonders wenn Sie vorher eine Immobilie veräußert haben sollten). Sie können auch die Formulare fix und fertig ausfüllen, mit Ihrer Unterschrift versehen und an einen Familienangehörigen oder Bekannten weitergeben, der sie dann am Jahresende bei den Finanzbehörden fristgerecht einreichen kann. Nicht nur für diesen Zweck ist es durchaus angebracht ein **Konto** - achten Sie darauf, dass Ihnen keine Kontoführungsgebühren entstehen - oder ein Sparbuch auf Ihren Namen ausgestellt, im ehemaligen Heimatland beizubehalten. Wenn sie ein paar Hundert Mark als Guthaben hinterlassen, sind möglicherweise durch einen Freund Ersatzteile für Geräte, etc. zu beschaffen, ohne dass derjenige für Sie in Vorlage treten müsste. Und für einen späteren Urlaub ist ein solcher Notgroschen auch nicht zu verachten.

Bei der zuständigen Postdienststelle beantragen Sie einen **Nachsendeantrag** für Ihre neue Adresse, oder falls noch nicht bekannt, bitten sie einen Freund um die Annahme.

Kündigen Sie Ihre **Wohnung** fristgerecht, oder falls Sie einen längerfristigen Mietvertrag haben sollten, halten Sie Ausschau nach einem möglichen Nachmieter. Kündigen Sie bestehende **Daueraufträge** für Mietzahlungen oder dergleichen, denken Sie auch an erteilte **Einzugsermächtigungen**, die Sie dann bitte vor Umzug schriftlich widerrufen, oder aber der Bank gegenüber dies tun. Kündigen Sie ebenfalls den evtl. Bezug eines **Zeitschriftenabonnements, Mitgliedschaften** in Parteien, Sportvereinen, Gewerkschaften - einfach gesagt, überall dort wo Ihnen regelmäßig wiederkehrende Beiträge abverlangt werden

Lassen Sie sich für Sie **wichtige Dokumente**, beispielsweise Berufsabschlusszeugnisse, oder hervorragende Zeugnisse, die so einiges über Ihre berufliche Qualifikation aussagen könnten, übersetzen, eventuell sogar beglaubigen. Aber in den meisten Fällen ist eine Beglaubigung nicht nötig.

Klären Sie mit dem jeweiligen Versorgungsunternehmen oder aber Ihrem Vermieter ab, dass die **Zählerstände** für Strom oder Gas und Wasser abgelesen werden. Regeln Sie auch, was bei eventuellen Nachzahlungen nötig ist. Vergessen Sie nicht ein Konto anzugeben, auf das der Vermieter Ihre **Kaution** zurück überweisen kann.

Lassen Sie die **elektrischen Geräte**, die Sie nach Kanada mitnehmen möchten am besten noch einmal durchchecken, denn notwendige Ersatzteile sind in Deutschland günstiger und vor allem schneller zu bekommen als in Kanada. Kanadische **Haushaltsgeräte** wie beispielsweise ein Elektroherd muten sich oftmals für uns sehr seltsam an (offenliegende Heizschlangen). Deutsche Elektrogeräte können Sie auch in Kanada erwerben, doch oft ist es nicht die gleiche Qualität oder aber der Preis liegt weitaus höher. Kühlschränke sind größer dimensioniert als bei uns üblich. Stromsparende Ausführungen der verschiedenen Elektrogeräte sind rar. Elektrolux, eine deutsche Herstellerfirma und Tochterunternehmen von Juno ist unter anderem auch in Whitehorse zu finden, doch bei Importeuren können Sie ebenfalls fündig werden. Beachten Sie zudem die verschiedenen **Stromspannungen** und besorgen sich noch in Deutschland einen Adapter.

Das mit den **Flugpreisen** ist so eine recht verzwickte Sache. One-way-Tickets sind in der Regel teurer als einfache Hin- und Rückflugtickets. Eine zur Zeit günstige Fluggesellschaft, die allerdings nicht ganz so komfortabel ist, ist *Air Transat* (*www.airtransat.com*), aber auch *icelandair* (*www.icelandair.com*) ist äußerst günstig. Den Rückflug kann man auch nicht ohne weiteres an Interessierte verkaufen, da Transatlantikflüge an namentlich ausgestellte Reisedokumente gebunden sind. Sprechen Sie evtl. mit Ihrer Fluggesellschaft. Falls Sie innerhalb Kanadas eine Teilstrecke zu bewältigen haben, ist ein Verkauf möglich. Dabei sollten sie nur darauf achten, dass der Flugschein, der für eine männliche Person ausgestellt ist auch an einen Mann weitergegeben wird und das Ticket einer Frau auch an eine Frau verkauft wird, sonst könnten sich leicht Probleme ergeben.

Informieren sie sich über Preise bei den Fluggesellschaften im Internet, bei den Reisebüros werden ja nun leider Beratungsgebühren genommen und zusätzlich noch eine Gebühr bei Ticketausstellung. Halten Sie Ausschau nach günstigen Flugangeboten, Last-minute-Angeboten, etc.! Erwägen sie eventuell ein mehrmaliges Umsteigen, können die Preise weitaus günstiger sein als bei Direktflügen, dafür kann es aber mit viel Gepäck recht umständlich sein. Ich habe sehr gute und preiswerte Erfahrung mit www.tallyman.de gemacht. Die **Mitnahme von Gepäck** wird bei den einzelnen Fluggesellschaften recht unterschiedlich angegeben. Bei manchen können Sie zusätzlich zu Ihrem Handgepäck und üblichem Gepäck von 20kg noch weitere 30kg Sportgepäck mitnehmen, bei anderen insgesamt nur 25kg. Manchmal können Sie **Haustiere** kostenfrei mitnehmen, andere Gesellschaften befördern überhaupt keine Tiere. Die Kosten für Tiertransportboxen fallen je nach gewählter Fluggesellschaft recht unterschiedlich aus. Da kann ein vermeintlich billiger Flug alleine durch die Gepäckmenge teurer als ein Linienflug werden. Auf allen Flügen werden Sie nicht rauchen können. Bestimmte Ziele innerhalb Kanadas, hier sei Whitehorse angeführt, werden nur einmal wöchentlich von Deutschland aus angeflogen. Flüge in den Osten Kanadas sind viel billiger als in den Westen Kanadas. Man sollte sich nur gründlich überlegen, ob man die Weite des Landes - je nach Bestimmungsort - per Mietauto oder neu gekauftem Auto selbst zurücklegen möchte. In diesem Fall sollten Sie die km-Pauschale, Benzinkosten und auch möglicherweise einen one-way Zuschlag berücksichtigen.

Quer durchs ganze Land zieht sich eine **Bahnverbindung,** allerdings ist dies auch keine besonders billige und schnelle Art zu reisen. Der Norden des Landes ist oft mit **öffentlichen Verkehrsmitteln** schwer zu erreichen. Die größte kanadische Buslinie wird von der Greyhound-Linie unterhalten. Bedenken sie auch Ihr vielleicht großes Gepäckvolumen bei Bus- oder Bahnreisen nach Ihrer Ankunft. Vielleicht gibt es auch irgendwo einen Bekannten, der Sie vom Flughafen abholen könnte. **Schiffsreisen** sind ebenfalls nicht billiger, dauern aber weitaus länger. Die Kosten und den vermeintlichen Nutzen sollten Sie schon gegeneinander abwägen, es sei denn, Sie möchten wie die ersten Einwanderpioniere auf dem Seeweg einreisen.

VERSCHIFFUNG VON UMZUGSGUT

Falls Sie sich nun dazu entschlossen haben sollten, Ihren Hausrat und die vielen persönlichen Dinge mit nach Kanada zu nehmen, ist es an der Zeit zu überlegen, wie sich dieses Procedere am preiswertesten gestalten lässt.

Zuerst lassen Sie sich unverbindliche **Kostenvoranschläge mehrerer Speditionen** nach Ihrer genauen Vorgabe erstellen (Größe der Behältnisse, Bestimmungsort, ungefähres Datum, usw.). Diese können unter Umständen äußerst differieren (um bis zu mehrere Tausend Mark, kann ich aus eigener Erfahrung berichten). Dabei sollten Sie auch kleinere Firmen nicht vergessen, die sind paradoxerweise oft einigermaßen günstiger oder zumindest kompromissbereiter, um auf Ihre Wünsche einzugehen. Dazu müssen Sie sich aber erst einmal entscheiden, ob sie einen 20-Fuß-Container oder einen etwas größeren 40-Fuß-Container benötigen, oder ob Ihnen sogar nur Umzugskisten, die gegen Nässe ausreichend geschützt sind, genügen.

Containergrößen/Kistengrößen:

Zur Auswahl stehen hier meist nur folgende Möglichkeiten:

1. 20-Fuß-Container = L 593cm x B 236cm x H 238cm = 33m³
2. 40-Fuß-Container = L 1207cm x B 236cm x H 238cm = 67m³
3. Lift-Van-Kisten = L 244cm x B 111cm x H 208cm = 4,7m³ (max. 1000kg)

Ihr Umzugsgut können Sie selbstverständlich auch versichern. Die allgemeine **Versicherung für das Umzugsgut** ist aber recht teuer und daher ist eine Versicherung gegen „Strandfall und Diebstahl“ meist ausreichend. Wenn Sie kostbare Antiquitäten besitzen sollten, ist eine eventuell etwas teurere Versicherung eher angebracht. Das muss man aber im jeweiligen Einzelfall entscheiden.

Sie können einen **Zwischenspediteur** beauftragen, der dann den Container nur bis zum nächsten Seehafen befördert und danach dann eine **Reederei,** die die Verschiffung besorgt. Oder aber gleich eine Firma, die in Ihrer Firmenbezeichnung **Überseeumzüge** ausführt. Am Ankunftsort in Kanada müssen Sie den Container dann wiederum aus dem Zollhof abholen (mit entsprechenden Papieren) und dann zu Ihrer Wohnung bringen lassen. Das Abholen aus dem Zollhof mit den Zollformalitäten können nur Sie selbst erledigen. Für die Dauer dieses Vorganges sollten Sie 2-3 Wochen einplanen. Da die Verschiffungspreise stark US-Dollar-abhängig sind, ist der Zeitpunkt eines Umzuges nur dann preiswerter, wenn der Kurs schwach ist, doch zur Zeit sieht es leider nicht dementsprechend aus.

Eine preiswerte Komponente im Umzugsvorgang ist auch das **Selbstbeladen/ Selbstausladen des Containers**. Dabei gestellt Ihnen die Spedition den Container ca. 3 Stunden zum Beladen. Jede weitere angefangene Stunde kostet ungefähr DM 60,- zusätzlich. Dafür sollten Sie allerdings genug Hilfe für diesen Umzugstag haben und die Sachen schon soweit als möglich vorbereitet haben. Auch sollten Sie sich vorher mit Ihren Nachbarn absprechen, dass an diesem Tage genug **Parkmöglichkeiten** vor Ihrer Wohnung zu finden sind, da doch alles recht schnell gehen muss. Besorgen Sie sich, falls sie kleinere Kinder haben, einen **Babysitter** für den Umzugstag. Größere Kinder kann man in den Prozess relativ gut einbinden und sie fühlen sich dann auch nicht so ausgeschlossen. Außerdem ist es wahrscheinlich auch für sie eine neue aufregende Erfahrung.

Sie sollten die Sachen im Container gut befestigen (eventuell sogar mit Spanngurten), die Wände vielleicht etwas auspolstern, und das Umzugsgut, das sich in Kisten befindet, vorher sicher einpacken und auch im Container weitgehend rutschfest feststellen. Wertvolles Mobiliar oder andere Teile sollten Sie mit äußerster Sorgfalt vor Schäden schützen. Lieber doppelt und dreifach! Die meisten Speditionen versichern Ihr Umzugsgut im Falle eines Selbstbeladens nicht gegen Transportschäden, nur gegen Totalbeschädigung. Daher sollten Sie wirklich darauf achten, dass das Mobiliar, etc. sehr gut gesichert ist. Packen Sie auch Ihr Geschirr, etc. gut ein - am besten mit losem Füllmaterial aus Schaumstoff. Mit den Containern wird beim Be- und Entladen des Schiffs ja nicht gerade zimperlich umgegangen.

Auf den nachfolgenden Seiten finden Sie einige Kostenvoranschläge, die mir im März 2000 von verschiedenen Speditionen für einen Transport in den Westen Kanadas, bzw. für den Weitertransport in den Yukon gemacht wurden:

Größe	Preis	Leistungen	Anbieter
20‘	6.260,-	incl. Terminal Handling Charges in D+CDN (können einige Hundert DM betragen) 3Std. Ladezeit, unversichert, bis Vancouver	Sped. H. Klingenberg Hamburg 040/528 40 535 esk@klingenberghamburg.de
40‘	9.112,-	dto.	
20‘	**8.980,-**	s.o. einschl. Hafengebühr Transport bis Mayo, Yukon Entladen + Auspacken incl. Verpackungsmat. Entsorgung	
40‘	**14.846**,-	dto.	
20‘	6.900,-	unverzollt, unversichert 3Std. Selbstbeladezeit je weit. angef. Std. 60,-	Spedition Pracht Haiger 02773/80 605
40‘	8400	s.o., allerdings 4Std. Ladezeit	wgeis@pracht.de
20‘	**5.950,-**	3Std. Selbstbeladezeit unversichert, unverzollt	Sped. H. Weber Göttingen
40‘	**7.975**	dto.	info@weber.de
20‘	2.985,- **US $**	Selbstbeladezeit ohne Zeitlimit, **zzgl.** *anfall. Kommunikationskosten (?!)* + *Auslagen* + mind, 100,- Versicherung gg. Strandfall oder 1% vom Wert	Spedition Zufall 0551/607 189 anette.otte@zufall.de

20'	6.280,-	selbst beladen, unversichert, unverzollt	Spedition Becker becker@t-online.de
20'	11.900(!)	4 Mann packen max. 12Std. ein, ohne Stopp beim Zollamt, unversichert ohne Gebühren	Spedition Schmidkunz Kassel

Die angegebenen Preisbeispiele sollen Ihnen als **Anhaltspunkt zur ersten Kosteneinschätzung** eines Container-Transportes dienen, ohne Anspruch auf Vollständigkeit. Die angegebenen Preise beziehen sich ab Ausgangspunkt Raum Marburg (PLZ-Bezirk 35).

Anmerkung:

*Unverständlicherweise waren meistens die Speditionen am teuersten, die in meiner Nähe zu finden waren. Wie Sie gesehen haben, waren sowohl die Leistungen als auch die Preise recht unterschiedlich bemessen. Daher habe ich die **billigsten Preise oder aber besondere Leistungen** besonders kenntlich gemacht, damit auch Sie sich ein Bild machen können. Am besten holen Sie sich mehrere Angebote unter der gleichen Ausgangsvoraussetzung ein (doch dabei macht Ihnen dann wahrscheinlich keine Spedition ein besonders günstiges Angebot). Über alle Zusatzleistungen lohnt ein ein gewisses Maß an Handeln mit dem Verantwortlichen Disponenten, lassen Sie sich aus eigener Erfahrung gesagt sein!*

Nummerieren Sie sich die einzelnen Kartons und Behältnisse und stellen Sie sich Ihre **eigene detaillierte Packliste** zusammen, damit Sie später beim Auspacken auch noch wissen, wo was gerade drin ist. So können Sie einem späteren Chaos - was wahrscheinlich trotzdem da sein wird - zumindest etwas vorbeugen und werden die sofort benötigten Dinge (vielleicht) leichter auffinden können. Für die Lieblingsspielsachen Ihre Kinder packen Sie vorzugsweise einen extra Karton, den Sie dann nach Ankunft gleich finden und auspacken können

- dann fällt den Kindern die Eingewöhnung vielleicht noch etwas leichter. Nehmen Sie auch genug **Kinderbücher** mit, damit Ihre Kinder die deutsche Sprache nicht so schnell verlernen (vielleicht möchten Sie ja noch ein weiteres Baby, dann sind Sie auch für diesen Fall gewappnet). Erfahrungen haben gezeigt, dass Einwanderer spätestens nach der dritten Generation Ihre Muttersprache verlernt haben.

Anmerkung:

Heben Sie sich schon vorher Füllmaterial und Luftpolsterfolien aus den Versandpäckchen der Katalogfirmen auf. Da dies sicherlich nicht ausreicht, schauen Sie sich frühzeitig nach solchen Polstermaterialien um, da Sie diese auf jeden Fall brauchen werden. In Supermärkten wird man ebenfalls oft fündig. Auch Wolldecken, Federbetten kann man dazu missbrauchen. Von den Speditionen können Sie solches Material gegen Kostenerstattung natürlich auch erwerben.

EINFUHR - UND ZOLLBESTIMMUNGEN

Alle Ihre persönlichen Wertgegenstände und Ihr Umzugsgut ist zollfrei. Sie dürfen aber nichts von den eingeführten Sachen innerhalb der nächsten beiden Jahre veräußern.

Zigaretten dürfen sie wie gewohnt einführen (200 St.), **Spirituosen** oder **Wein** (1,14 Liter) und **Bier** (8,5 Liter) in den Provinzen Alberta, Manitoba und Québec ab 18 Jahren, in den anderen Provinzen erst ab 19 Jahren. **Geschenke** bis zu einem Einzelwert von $60 pro zu beschenkender Person können sie einführen (Anzahl der Geschenke ist nicht begrenzt). Für zahlreiche **Pflanzen** und Pflanzenteile besteht ein Einfuhrverbot. Daher sollten sie sich bei geplanter Mitnahme genauestens informieren und sich die eventuell erforderliche Genehmigung besorgen. Ebenso gilt dies föhr die Einfuhr von **Früchten, Gemüse** oder **Fleisch** (welche nicht in Konservendosen verpackt sind). Zuständig für diese Einfuhrerlaubnisse ist:

* Agriculture and Agri-Food Canada
  Food Production and Inspection Branch
  www.cfia-acia.agr.ca

oder aber auch

* The Permit Office
  Plant Protection Division Agriculture Canada
  Neatby Building
  Ottawa, ON
  Canada K1A 0C6

Die kanadischen Behörden sind ähnlich denen der USA relativ besorgt um Ernteschädlinge, worin sich diese Einfuhrbeschränkungen begründen.

Handfeuerwaffen zum Selbstschutz dürfen Sie nicht einführen. Für Jagdwaffen und Munition hat jede Provinz Ihre eigenen Vorschriften und es gibt je nach Art der Jagdwaffe gewisse Beschränkungen. Das gilt ebenso für die Einfuhr von jeglichen Sportwaffen und verschiedener Personenabwehrsprays. Jedes kanadische Konsulat gibt Ihnen hierüber genauere Auskünfte. Sie können aber auch unter nachstehender Anschrift die erforderlichen Auskünfte für British Columbia einholen.

* Revenue Canada
  Customs Border Services
  Regional Information Unit
  333 Dunsmuir Street
  Vancouver, BC
  Canada V6B 5R4
  www.rc.gc.ca

Medikamente, die Sie benötigen, können Sie nach Kanada einführen. Um Komplikationen beim Zoll zu vermeiden, sollten Sie aber ein **altes Rezept,** das auf Ihren Namen ausgetellt ist, vorzeigen können. Bei Medikamenten, die unter Umständen unter das Betäubungsmittelrezept fallen könnten, ist es äußert ratsam, Anschrift und Telephonnummer des behandelnden Arztes zur Hand zu haben, damit sich eventuell der Zollbeamte rückvergewissern kann.

Haustiere können Sie ebenfalls nach Kanada mitnehmen. Die Tiere sollten aber nachweislich in den letzten 36 Monaten mehrmals gegen Tollwut geimpft worden sein und ein kanadischer Amtstierarzt muss deren Gesundheit bestätigen. Die **Tollwutschutzimpfung** wird bei

Welpen oder jungen Katzen bis zu einem Alter von drei Monaten nicht benötigt.

PACKLISTE FÜR IHR UMZUGSGUT

Für den Zoll benötigen Sie eine **Packliste** (in fünffacher Ausfertigung) der Waren, die Sie zum Umzugszeitpunkt einführen möchten und eine weitere Liste von den Sachen, die Sie später beabsichtigen einzuführen (Goods to follow) als **Ergänzung** dieser Packliste.

Eventuell sollten Sie sich überlegen, was Sie später noch alles einführen möchten und sich zumindest die Möglichkeit zur zollfreien Einfuhr offenhalten und auf die Liste, die Sachen schreiben, mit deren Anschaffung Sie im Augenblick noch zaudern. Wenn sie die aufgeführten Sachen nicht einführen, ist dies den Zollbeamten völlig gleichgültig. Die Packliste muss in **Englisch,** oder aber wenn der Bestimmungsort Québec sein sollte, in **Französisch** angefertigt werden. Gehen Sie dabei sehr sorgfältig vor, denn nicht selten räumt Ihnen der freundliche Herr des kanadischen Zolls den ganzen Container leer. Falls der Zollbeamte beispielsweise 5 Computer und 10 TV-Geräte vorfinden sollte und Sie keinen stichhaltigen Grund für diese nicht gerade haushaltsübliche Anzahl der Geräte parat haben, gehen die kanadischen Behörden von einer **Veräußerungsabsicht** aus, die natürlich nicht unter die Zollfreiheit des eigenen Umzugsgutes fallen würde und Sie hätten nachträglich Verzollungsgebühren zu entrichten. Folgendermaßen sollten Sie vorgehen:

Owner:	Max Meier Ihre Adresse in Kanada, falls von dem Bestimmungsort abweichend
shipment by:	Spedition Umzug Transportstr. 1, 2222 Containerstadt
Origin of Loading Adress:	Regenweg 1, 1111 Sommerstadt Germany
Destination:	1 Rainway, Vancouver / BC Canada (Ihr vorrausichtlicher Wohnort in Kanada)

Packing List / List of Goods

(packed by owner)

Item (lfd. Nr. des Kartons)	**Articles** (Inhalt des Kartons)
1-3	dishes *nicht: cups, spoons,...*
4-6	games *nicht: Playmobil, Nintendo, etc.*
7	books *nicht: einzelne Buchtitel*
8	magazines
9-12	kitchen utensils *nicht: coffee-maker, toaster, plates,etc.*
13	shoes
14-16	clothes
17-18	computer software *nicht einzeln auflisten und keine indizierten Spiele, etc.*
19-21	tools *nicht: Bohrmaschine, Säge, etc.*

Auf die oben angegebene Weise führen Sie all Ihre mitgeführten Sachen auf. Dann listen Sie die Artikel, die Sie zu einem späteren Zeitpunkt einführen wollen, wie folgt auf einer separaten Liste auf:

Goods to Follow

Item	Articles
1	washing machine
2	dish washer
3	antique desk
usw.	

Versehen Sie die Packliste noch mit dem Absendedatum und Ihrer Unterschrift.

Die **Verschiffungspapiere „Bill of Lading**“ (B/L) erhalten Sie von der Spedition, nachdem Sie den Rechnungsbetrag beglichen haben. Also - in der Hektik des bevorstehenden Umzuges die Begleichung dieser Rechnung nicht vergessen! Diese Bill of Lading, wie auch Ihre Einwanderungspapiere, benötigen Sie für den Zoll, wenn Sie Ihre Sachen aus dem Zollhof abholen möchten.

Bewahren Sie sowohl die Bill of Lading als auch die Packliste für den Zoll und auch Ihre Einwanderungspapiere **im Handgepäck** auf, da Sie all diese Unterlagen bei den zu erledigenden Formalitäten am Flughafen brauchen werden.

Sofern Sie nicht eine Komplett-Leistung einer Spedition in Anspruch genommen haben, müssen sie sich nun um den **Weitertransport innerhalb Kanadas** durch eine in Kanada ansässige Spedition kümmern. Sollten Sie noch nicht Ihren neuen Wohnort kennen, gilt es einen Abstellplatz für Ihren Hausrat zu finden. Hier empfiehlt es sich vielleicht für eine gewisse Zeit eine Garage oder einen Lagerraum anzumieten. Schauen Sie im Kleinanzeigenteil der kanadischen Tageszeitungen nach, dort werden Sie bestimmt fündig. Vielleicht hat auch ein Bekannter eine Abstellfläche für Sie übergangsweise, die Sie nutzen könnten. Die Einlagerung bei einer Spedition ist auf jeden Fall weitaus kostspieliger.

Wie ich aber eingangs schon erwähnte, müssen Sie bei der Freigabe im Zollhof als Eigentümer selbst anwesend sein., daher beachten Sie bei der geplanten Ankunft des Umzugsgutes auch den möglichen Aufwand für Ihre Anwesenheit - wenn Sie vielleicht einige tausend Kilometer weit weg wohnen, ist es vielleicht günstiger, Ihr Umzugsgut schon eine Zeit vor Ihrem Abflug aus Deutschland abzuschicken, damit Sie bei dessen Ankunft dort anwesend sein können und nicht noch mit einem weiteren Hin- und Rückflug zum Zollhof finanziell belastet werden!

Bei der Einreise müssen Sie die im Flugzeug erhaltene **kanadische Zollkarte** (grün) ausgefüllt den Zollbeamten abgeben. In dieser deklarieren Sie Ihr Handgepäck. Dieses Formular ist nur in Englisch und Französisch erhältlich. Sie werden u. a. gefragt ob Sie Waffen, kommerzielle Güter, Tiere, etc. mit sich im Gepäck führen, ob Sie eine Farm innerhalb der nächsten zwei Wochen besuchen möchten (die kanadischen Behörden sind sehr besorgt um die Einschleppung verschiedener Viehkrankheiten durch Lebensmittel z. B. wie die Schweinepest), usw. Sie müssen auch evtl. mitgeführte Geschenke aufzeichnen, Alkohol, Zigaretten, etc. Die Zollkarte muss von jedem Mitreisenden über 16 Jahren eigenhändig unterschrieben werden. Ich würde Ihnen raten, diese Karte zuzüglich zur Packliste Ihres Handgepäcks auszufüllen.

HANDGEPÄCK UND KOFFER

In Ihrem **Handgepäck** sollten sich die Einwanderungspapiere, Ihre Pässe, Ihre Bankunterlagen, Barmittel, Ihr Führerschein und die zweifache Packliste griffbereit befinden. Die Packliste muss maschinengeschrieben sein. Vergessen Sie ebenfalls die notwendigen Impfbescheinigungen Ihrer Haustiere nicht.

Im **Koffer** bewahren Sie am besten alle Umzugsunterlagen, B/L-Verschiffungspapiere, persönliche Dokumente wie beispielsweise Geburts- und Heiratsurkunden auf. Auch Impfbescheinigungen, Schul- und Arbeitszeugnisse, die Bescheinigung über Ihren Schadensfreiheitsrabatt der Autoversicherung, Straßenkarten, etc. sollten Sie in die mitgeführten Koffer packen. Zusätzlich all das, was Sie direkt nach Ihrer Ankunft in Kanada benötigen sollten.

ENDGÜLTIGE CHECKLISTE

- O Informationen einholen
- O evtl. Beratungstermin beim Raphaelswerk besorgen
- O Sprachkenntnisse auffrischen
- O neue Arbeitsstelle suchen
- O Immobilienangebote in Kanada einholen
- O Führungszeugnisse besorgen
- O Dokumente (Geburts-, Heiratsurkunden, etc.) besorgen
- O Pässe evtl. verlängern lassen
- O Kontakt mit der Botschaft aufnehmen und einen Einwanderungsantrag stellen
- O neue Wohnung in Kanada suchen
- O Ärzte aufsuchen
- O Zahnarztbesuch
- O Rente ausrechnen lassen
- O Haustiere impfen lassen
- O Abonnements kündigen
- O Arbeit kündigen
- O Wohnung fristgemäß kündigen
- O Speditionsangebote einholen
- O Flüge buchen
- O Kindergartenabmeldung
- O Abmeldung Schule
- O Daueraufträge kündigen
- O Bausparverträge, usw. kündigen
- O Bankkonto kündigen
- O Telefonanschluss kündigen
- O Nachsendeantrag besorgen, ausfüllen und abgeben

- O evtl. Reisekrankenversicherung abschließen
- O Schadensfreiheitsrabatt von der Autoversicherung bestätigen lassen
- O Sachen sorgfältig in Kartons einpacken, Möbel abschlagen und vor Beschädigung schützen
- O Packliste ausfüllen
- O Zählerstände am Umzugstag ablesen lassen
- O Handgepäck auf Vollständigkeit der Reisedokumente überprüfen
- O Abschiedskarten an Freunde, Bekannte absenden
- O Auto abmelden, verkaufen oder entsorgen

Nach Ankunft in Kanda

Herzlichen Glückwunsch - Sie haben es geschafft! Alle bürokratischen Hürden überwunden, auch wenn sie manchmal fast unüberwindbar zu sein schienen.

Es sei auch noch angemerkt, dass Sie sich mindestens 183 Tage pro Kalenderjahr in Kanada aufhalten müssen, da ansonsten Ihr Visum verfällt. Falls jedoch im Einzelfall dringende persönliche Gründe eine längere Abwesenheit erforderlich machen sollten, müssen Sie beim Immigration Centre eine Erlaubnis, die **„Returning Resident Permit“** verlangen. Deren einfache Gültigkeit beträgt meist ein Jahr, kann aber nochmals verlängert werden. Die Ausstellung dieser Genehmigung ist selbstverständlich gebührenpflichtig.

Zuerst müssen Sie am Flughafen am Zoll **„Port of Entry - Immigration Canada“** vorbei und Ihre Einwanderungspapiere dem Zollbeamten vorzeigen. Dieser Zollbeamte hat das Recht, Ihre Barmittel zu überprüfen, falls Zweifel an Ihrer Integrität bestehen sollten und mit Ihnen ein kurzes Gespräch, Ihre Einwanderung betreffend, zu führen. Er versieht Ihre Einwanderungspapiere, wenn er alles in Ordnung findet, mit einem **Einwanderungsstempel**. Nun sind Sie ein **„landed immigrant“.** Anschließend gilt es noch, eine kleine Hürde zu überwinden. Sie müssen nun noch am Zoll vorbei. Dort müssen Sie Ihre Packliste dem Beamten vorzeigen und erhalten Sie nach Begutachtung nebst einer Zollbescheinigung wieder zurück. Diese Zollbescheinigung müssen Sie **fünf Jahre** lang gut aufbewahren. Das Handgepäck wird meist nur wertmäßig geschätzt.

WAS IST ALS ERSTES ZU TUN

Sobald Sie an Ihrem neuen Wohnort angekommen sind, gibt es einige Behördengänge, die Sie sofort erledigen sollten. Wie schon vorher erwähnt, gibt es keine polizeiliche Meldepflicht in Kanada. Trotzdem sollten Sie nachstehende Erledigungen in Ihrem eigenen Interesse nicht anstehen lassen.

Melden Sie sich beim zuständigen Arbeitsamt und beantragen Sie dort Ihre **Social Insurance Card**, ohne die Sie nicht arbeiten dürfen. Die Ausstellung dauert einige Wochen, aber Sie bekommen vorher schon eine Sozialversicherungsnummer (Social Insurance Number SIN) und eine vorläufige Bescheinigung.

Auf der Stadtverwaltung (**Civic Centre**) beantragen Sie Ihre **Krankenversicherung.** Dies können sie auch gleich bei der für Sie zuständigen Krankenversicherung tun. Bedenken Sie aber eventuelle Wartefristen bis zur Leistungsgewährung und versichern sie sich im Falle einer solchen Wartezeit bis zum Vericherungsbeginn privat. Man sollte für den Fall einer Krankheit wirklich versichert sein. Denken Sie nur, wenn sie das auch im Augenblick für unwahrscheinlich halten sollten, Sie würden krank, dann kann Ihr neuer Start in Kanada unter einem sehr ungünstigen Stern stehen und die finanziellen Verpflichtungen, die daraus resultieren könnten, könnten einen Neuanfang wirtschaftlich fast unmöglich machen.

Gehen Sie als nächstes zum **Driver's Service Centre** und beantragen Sie dort Ihren neuen **Führerschein.** In manchen Provinzen geht auch einfaches Umschreiben Ihres alten nationalen Führerscheines.

Eröffnen Sie, sofern Sie noch keines haben, ein **Bankkonto.**

www.bank-banque-canada.ca
www.bmo.ca
www.fcc-sca.ca

Melden Sie sich bei einem Büro der **Immigration Centres,** die für Neuankömmlinge umfangreiches Informationsmaterial über die neue Heimat bereithalten und wo Sie sich vielleicht für einen in naher Zukunft stattfindenden Sprachkurs gleich anmelden können. An diese Servicestelle wenden sie sich auch in einem Problemfall Ihre Einwanderungspapiere betreffend. Ihre möglichen Fragen werden hier freundlichst beantwortet und Sie bekommen von hier aus jegliche Unterstützung, um sich erfolgreich in Ihre neue Heimat zu integrieren. Als Selbständiger werden Sie mit dieser Behörde zur Erfüllung Ihrer Vorgaben zu tun haben.

Anmerkung

Ich habe nur gute Erfahrungen mit dieser Behörde gemacht. Sogar wurden alle von mir aus Deutschland gestellten Fragen prompt beantwortet und man gab mir wertvolle Tips für den Einwanderungsprozess. Die Adressen finden Sie in den Yellow Pages der Telephonbücher vor, einige habe ich auch im Adressenverzeichnis im Anhang aufgeführt.

Wenn Sie dieses alles erledigt haben, können Sie die ersten kanadischen Plastikkarten Ihr eigen nennen. Die Wichtigste dabei wird die des Führerscheins sein, da dieser als Ausweis akzeptiert wird und nicht direkt daraus ersichtlich wird, dass Sie noch kein kanadischer Staatsbürger sind.

Stellen Sie sich Ihren **Nachbarn** vor, laden Sie sie ein - eine Gelegenheit wird sich schon finden lassen und erkunden Sie die Gegend. Es wird jetzt Ihre neue Heimat sein! Machen Sie Ausflüge in die **Umgebung,** besorgen Sie sich Literatur in einer Bücherei und lernen Sie noch mehr über Kanada und die Menschen, die dort leben. Melden Sie sich bei irgendeinem Sportverein an, dort wird man immer leicht neue Leute kennenlernen. Wenn sie kein sportlicher Mensch sind, wird es sicherlich auch kulturelle Veranstaltungen geben, die Sie wahrnehmen könnten, um Kontakte zu knüpfen, oder verschiedene Hobbykurse, usw. Sie sind der Fremde, versuchen Sie sich in bestehende Gemeinschaften einzugliedern und erwarten sie dies nicht von den anderen. Halten Sie aber trotzdem immer noch Kontakt zu alten Freunden und Ihrer Familie aufrecht, damit Sie sich auch bei Ihrem nächsten Besuch in der alten Heimat noch zuhause fühlen.

Falls Sie noch Urlaub haben sollten, schauen Sie auf Ihrer neuen **Arbeitsstelle** vorbei und stellen sich auch den Kollegen vor. Falls Sie bisher noch keine feste Arbeitsstelle gefunden haben sollten, nehmen Sie sich die Yellow Pages vor und rufen Sie ganz gezielt bei den potentiellen Arbeitgebern an. Gehen Sie zum nächsten Arbeitsamt und fragen dort nach offenen Stellen nach. Hören Sie sich im Bekanntenkreis um.

Melden Sie Ihre **Kinder** im Kindergarten oder in der Schule an. Zeigen Sie ihnen den Schulweg, oder die Bushaltestelle. Nehmen Sie Ihre

Kinder und schauen sie sich die neue Schule zumindest einmal von außen an. Fragen Sie bei der Anmeldung nach den Adressen von Kindern in der gleichen Klasse. Vielleicht gibt es welche in der direkten Nachbarschaft. Das wäre auch die beste Übung für die Kinder, um ihr Englisch zu verbessern. Besuchen Sie Nachbarn mit Kindern, gehen Sie zum Schwimmen oder auf Spielplätze, damit auch Ihre Kinder schnell Anschluss finden.

BESONDERHEITEN BEI WILDNISTRIPS

In einigen Teilen Kanadas, besonders im Norden, sollten sie bedenken - und sich wirklich genauesens darüber im Klaren sein, dass ein ungenügend vorbereiteter Ausflug sehr gefährlich für Sie werden könnte! In den Bergen oder bei Flussfahrten sollten Sie immer einen möglichen Wetterumschwung beachten. Kalkulieren Sie genug Nahrung ein, denken Sie an geeignete wasserfeste und wärmende Kleidung, evtl. farbig auffallende. Denken Sie ebenfalls an eine Erste-Hilfe-Ausrüstung, notwendige Medikamente, etc. Nehmen Sie auch eine geeignete Uhr mit (muss bei extremen Minustemperaturen immer nich gehen und sollte wasserdicht sein). Vor Ausflugsantritt sollten Sie einem Bekannten Ihre geplante Route, die Farbe Ihres Zeltes, etc. mitteilen, oder aber diese Angaben bei der örtlichen Polizeidienststelle in einer *Sign Out Form* eintragen. Im Norden Kanadas gibt es keine Lawinenwarnungen. Dort sind Sie auf sich, Ihre Verantwortung und Ihre Vorbereitung angewiesen. Sie sollten evtl. eine Signalausrüstung, Sommer wie Winter, bei sich tragen. Hierbei gibt es verschiedene Ausrüstungen, wie z. B. einen *emergency personal locator EPLB, vhf* oder *H.F. radio (Funktelefon), Signalspiegel* oder *Signalraketen.* Bedenken Sie bei Gebrauch eines Handys, dass der Akku nicht ewig hält, auch bei unplanmäßig verlängertem Trip! Sie sollten auch vor einer solchen Tour lernen, welche SOS-Signale in der Wildnis gültig sind. Erkundigen sie sich, wenn Sie auf Flusstouren gehen sollten, nach Stromschnellen, etc., da sie nirgends ein Warnschild vorfinden werden. Wenn sie erwägen, mit einem Motorboot zu fahren, informieren Sie sich über Rettungsausrüstungen und Grundregeln über die Sicherheit auf Wasserwegen, die von der kanadischen Regierung festgelegt werden.

Besorgen Sie sich vorher gute topographische Landkarten (Maßstab 1:250.000 oder 1:50.000 sind am besten) und kalkulieren sie alle

Risiken ein. Lernen Sie den Umgang mit Karten und mit einem Kompass (wer braucht das schon bei uns). Sprechen Sie mit Einheimischen, oder nehmen Sie sich einen erfahrenen Guide. Im Yukon sind alle lizenzierten Guides auch in Ökologie ausgebildet. Jack London brauchten keinen Angel- oder Jagdschein – Sie brauchen einen!

Informieren Sie sich vorher über Jagdvorschriften und Angellizenzen.

Wenn Du etwas tötest, dann gibt das Tier sein Leben für Dich. Dafür musst Du dem großen Geist danken. Etwas musste sterben, damit Du weiterleben konntest.
(Art Johns, Carcross-Tagish First Nation)

Im Yukon können Sie fast überall auch auf dem Land der First nations campen, angeln, etc. Nur einige Landstriche entlang des Yukon Rivers und des Klondike Rivers gehören der Tr'ondek Hwech'in First Nation. Dort ist das Campen und Anglen für die Öffentlichkeit untersagt. Daher sollten sie sich in jeder Provinz über solche Besonderheiten vorher informieren.

Planen Sie ebenfalls von vorneherein, keine Spuren zu hinterlassen. Das bedeutet vor allem keinen Müll (lassen Sie überflüssiges Verpackungsmaterial gleich zu Hause) zu hinterlassen, keine Unterstände zu bauen und wenn möglich auch kein Lagerfeuer zu entfachen (ein Spiritus-Kocher wäre besser für die Umwelt). Waschen Sie Ihr Geschirr nicht im nächsten See, sondern in einer Schüssel. Das Abwasser schütten Sie dann in ein vorher gegrabenes Loch, das Sie wiederum danach mit der ausgehobenen Erde auffüllen sollten. Brennen Sie Ihre Konservendosen im Feuer aus und nehmen Sie sie wieder mit (beugt evtl. Gerüchen vor und lockt keine Bären an) – vergraben Sie keine Dosen o. ä., da Tiere sich beim Ausgraben daran verletzen könnten. Graben Sie Erdlöcher für Ihre Fäkalien und verbrennen Sie das Toilettenpapier vollständig. Kontrollieren Sie beim Verlassen Ihres Lagerplatzes alles noch einmal gründlich und nehmen Sie alles wieder mit (auch die kleinen Metallteile der Dosen). Nehmen Sie abgestorbenes Holz, wenn sich ein Lagerfeuer nicht vermeiden lässt (in manchen Gebieten benötigen sie eine Lagerfeuerlizenz – wenden Sie sich an *DIAND Bundesbehörde* für nähere Informationen). Stören sie keine Tiere durch zu nahes Heranpirschen – ein Blick durch ein gutes Fernglas ist oftmals weitaus effektiver, da das Wild sich unbeobachtet fühlt.

Bleiben Sie auf der Hut vor Begegnungen mit Bären. Informieren Sie sich gut über ihre Verhaltensweisen, etc!. Die beste Verteidigung ist ein kühler Kopf, gepaart mit ausreichenden Kenntnissen über Bärökologie und –verhalten. Falls Ihnen ein Bär begegnen sollte, bleiben Sie standhaft, jedoch nicht drohend, und geben Sie dem Bär Zeit, die Lage einzuschätzen. Laufen Sie nicht weg. Sprechen Sie mit ruhiger Stimme und gehen Sie langsam in die Richtung zurück, aus der Sie gekommen sind.

Überall wird Bären-Abwehrspray angeboten, welches man sich vor einem Outdoortrip zulegen sollte. Wenn Ihnen ein Bär folgt, sollten Sie in seine Richtung ein paar Spraystöße abgeben (mit dem Wind), sollten aber noch etwas aufheben, für eine mögliche direkte Begegnung mit dem Bären. Ob man sich wehren oder tot stellen (lassen Sie sich mit dem Gesicht nach unten mit angezogenen Knien auf den Boden fallen und verschränken Sie die Hände hinter dem Nacken) sollte, hängt von der Entscheidung ab, ob der Bär angreift, weil er sich bedroht fühlt, oder ob er auf Nahrungssuche ist. Ein Bär, der in Ihr Zelt einbricht, sucht sicherlich nach Nahrung. Die Nase eines Bären ist sehr empfindlich, versuchen Sie diese mit dem Spray, einem Stein oder Holzstück, oder was auch immer gerade in der Nähe ist, zu treffen.

Nähere Infos erhalten Sie unter:

www.ccg-gcc.ca
www.touryukon.com
www.maps.nrcan.gc.ca/cmo/dealers.html

Die in ganz Kanada geltende Notrufnummer ist 911. Falls Sie, gerade im Norden des Landes einen Waldbrand entdecken sollten, rufen Sie bitte sofort die 1-800-661-0800 an.

Hinterlassen Sie alles so, als ob Sie nie dort gewesen wären!

STEUERLICHE VORTEILE / NACHTEILE

In Ihrem Einwanderungsjahr müssen Sie nur das in Kanada erzielte Einkommen versteuern. Ab dem Zeitpunkt Ihrer Einwanderung werden Sie in Kanada steuerlich veranlagt. Daher ist vielfach ein Umzug ab Mitte des Jahres günstiger.

Internationale Abkommen erlauben Ausländern es, erworbenes Einkommen aus einer nichtselbständigen Tätigkeit in Kanada, bei einem Aufenthalt unter 184 Tagen innerhalb Kanadas, die Einkünfte in seinem jeweiligen Heimatland zu versteuern.

Bei Wertpapiergeschäften, bei denen Sie in Deutschland schon Verlust gemacht haben sollten, ist eine Veräußerung vor dem Umzug ratsam, da Sie solche Verluste in Kanada nicht steuerlich abschreiben können.

Falls Sie Ihren Haus- und Grundbesitz in Ihrem Heimatland (muss Ihr erster Wohnsitz gewesen sein) vor dem Umzug verkauft haben sollten und in Kanada gleich wieder ein neues Wohnhaus erwerben möchten, entstehen Ihnen keinerlei steuerliche Nachteile - in manchen Fällen aber sogar Vorteile. Zinsbelastungen für Fremdmittel können Sie in Kanada aber nicht abschreiben. Sie können Ihr Haus in Deutschland auch noch ein paar Jahre als zweiten Wohnsitz beibehalten, selbst wenn sie es weiterhin vermieten, doch auch hierbei können sie keine steuerlichen Abschreibungen geltend machen. Allerdings müssen Sie die gemachten Mieteinkommen versteuern. Eine mögliche Steuerentrichtung im Heimatland wird Ihnen in Kanada angerechnet.

Wie ich aber schon vormals angeführt habe, sollten Sie sich vor Einwanderung den wirklich fachkundigen Rat eines kanadischen Steuerberaters (vielleicht Referenzen Ihrer Freunde) einholen und diese Kosten auch wirklich nicht scheuen, vor allem nicht wenn Sie Haus- oder Grundbesitz in Deutschland besitzen oder aber ein hoch dotiertes Jahresgehalt bezogen haben. Die Einwanderung kostet schon genug Geld, warum sollte man es auf diese Weise verschenken, wenn es nicht notwendig ist.

RÜCKWANDERUNG

Im Falle einer Rückwanderung nach Deutschland sollten Sie sich innerhalb einer Woche beim zuständigen Einwohnermeldeamt anmelden. Ihre persönlichen Dinge, wie Hausrat und alles Umzugsgut sind zollfrei. Auch hier hängt aber die Zollfreiheit davon ab, dass die von Ihnen eingeführten Waren weiterhin in Ihrem Besitz bleiben und innerhalb der nächsten zwei Jahre nicht veräußert werden. An die kanadischen Behörden müssen Sie in diesem Falle eine nicht unerhebliche Rückwanderungsgebühr entrichten.

Anmerkung:

Wenn Sie sich nicht hundertprozentig sicher sein sollten, dass Ihnen ein neuer Start in Kanada gelingt, aus welchen Gründen auch immer, und Sie sich den Rücken ein klein wenig offen halten wollen, rate ich Ihnen wie folgt zu verfahren, auch wenn es nach Meinung der deutschen Behörden so nicht ganz in Ordnung ist - andererseits ersparen Sie sich und auch dem deutschen Steuerzahler eine Menge geldkostender Bürokratie und Ihnen selbst Zeit, in der Sie sonst die Ämter abklappern müssten. Daher betrachten Sie es einfach aus dieser Sicht.

Wenn sie **innerhalb einer Stadt oder Gemeinde** umziehen, brauchen Sie nur Ihre neue Adresse anzugeben (Anmeldebestätigung, muss innerhalb einer Woche erfolgen) und bei der Postniederlassung einen Nachsendeantrag zu stellen (Abmeldebescheinigung kommt nur in Betracht, wenn sie das Bundesland wechseln). Bitten Sie einen Familienangehörigen oder einen Freund um diesen Gefallen. Für **entstehende Kosten,** anfallende Müllgebühren etwa, müssen Sie selbstverständlich dann auch aufkommen. Aber im Vergleich zu vielleicht später anfallenden Antragsgebühren, können Sie dieses schon eine geraume Zeit durchhalten.

Sofern sie dann noch Ihren deutschen Pass nicht abgegeben haben sollten, stehen Ihnen alle Tore offen, falls es in der neugewählten Heimat Kanada nun doch nicht so klappen sollte, wie gedacht. Zudem könnten Sie theoretisch bei einem längerandauernden Besuch in Ihrer Heimat sofort arbeiten, wenn sie Ihr **Versicherungsnachweishaft** des zuständigen Rentenversicherungsträgers dabei haben. Die gültige **Lohnsteuerkarte** wird jährlich von der Stadt oder Gemeinde an Ihre

Postadresse gesandt. Somit wären sie dann auch **krankenversichert.** Dann können Sie auch einen Lohnsteuerjahresausgleich beantragen. Bei dieser Vorgehensweise ersparen Sie sich auch das mühsame Ämterabklappern: Sie benötigen **keine Arbeitserlaubnis,** keinen Antrag auf Ausstellung einer Lohnsteuerkarte,.....und sind auch kein Ausländer in Ihrer ehemaligen Heimat!

Beachten Sie bitte, dass diese Verfahrensweise natürlich nur dann reibungslos verläuft, wenn Sie **keinen Mißbrauch** (bspw. ein ungerechtfertigter Bezug von Sozialleistungen) damit tätigen.

KANADISCHE STAATSBÜRGERSCHAFT

Die kanadische Rechtsprechung erlaubt Ihnen die **doppelte Staatsbürgerschaft.** Doch in Deutschland ist dies leider außer in begründeten Einzelfällen noch nicht möglich.

Für die Erlangung der kanadischen Staatsangehörigkeit müssen Sie **mindestens 18 Jahre** alt sein und **permanent resident** sein. Nach **drei Jahren** können Sie dann einen Antrag auf Erteilung stellen.

Sie sollten der Sprache mächtig sein, ein gutes **Allgemeinwissen über Kanada** haben, sowie sehr gute **Kenntnisse über die Provinz** in der Sie leben. Auch sollten Sie in irgendeiner Form in das kommunale Leben eingebunden sein. Es gibt auch immer wieder einmal sogenannte Vorbereitungskurse, die von den Immigration Centres angeboten werden. Sie sind recht preiswert und lohnen sich allemal.

Die **Vorteile der kanadischen Staatsbürgerschaft** liegen auf der Hand. Sie sind von nun an kein Ausländer mehr, können einen kanadischen Reisepass beantragen und dürfen ein Mitspracherecht in Form der Wahlberechtigung äußern und sind wählbar. Von nun an können Sie auch in jeder Provinz Kanadas Crown Land erwerben.

Die Einbürgerung wird von einem kanadischen Gericht für Staatsbürgerschaftsanträge entschieden.

NOTIZEN

Anhang

Inhaltsverzeichnis

Adressenliste

Zur Erlangung eines **Hygiene-Zertifikates** für Köche, Beschäftigte in der Lebensmittelindustrie, usw.

Hospitality Industry Education
Advisory Committee
204, 15225 104th Ave.
Surrey, BC
Canada, V3R 6Y8

Seminarangebote im **touristischen Bereich,** auch für Selbständige werden angeboten von:

Educational Services Branch
1117 Wharf St.
Victoria, BC
Canada V8W 2Z2

Auskunft und **Aufnahme in Fremdenführer**

BC B&B Association
101-1001 West Broadway
Vancouver, BC
Canada V6H 4B1

Northern BC Tourism Association
P.O. Box 1030
Smithers, BC
Canada V0J 2N0
nbc@mail.netshop.net

German Tourist Connection
Bernd Schmidt
Whitehorse, YT
Canada
bschmidt@yknet.yk.ca

Canadian Tourism Commission
Bonratherstr.8

40213 Düsseldorf
www.kanada-ctc.de

Adresse, wo sie Ihre Dokumente größtenteils kostenfrei **übersetzen** lassen können, beispielsweise Zeugnisse, Geburtsurkunden, etc.

Multilingual Translation Unit
Ministry of Citizenship
Ontario Welcome House, 3rd Floor
132 St. Patrick St.
Toronto, ON
Canada M5T 1U1

Neue Adresse der **kanadischen Botschaft** in Deutschland

Kanadische Botschaft
Einwanderungs- und Visaabteilung
Friedrichstr. 95
10117 Berlin
fon 030/203 12-0
fax 030/203 12-590
www.kanada-info.de

für die **Schweiz** und **Österreich**

Kanadische Botschaft
Laurenzerberg 2
A 1010 Wien
Österreich

Kanadische Botschaft
Kirchenfeldstraße 88
CH 3005 Bern
Schweiz

Diplomatische Vertretungen in Kanada

Botschaft der BRD
1 Waverly Street
Ottawa. ON
Canada K2P 0T8
fon 001/613-232-1101

Schweizer Botschaft
5 Marlborough Avenue
Ottawa, ON
Canada K1N 8E6
fon 001/613-235-1837

Botschaft von Österreich
445 Wilbrod Street

Ottawa, ON
Canada K1N 6M7
fon 001/613-789-1444

Weitere Adressen, die zur **Information und Beratung** dienen

Raphaelswerk
Filberstr. 36
Frankfurt/M.
fon 069/913 065 50

Raphaelswerk
Adenauerallee 41
20097 Hamburg
fon 040/243 677

auch zum **Studium**

Deutsch-Kanadische Gesellschaft
c/o Kölner Bank von 1867 EG
Hohenzollernring 31
50672 Köln
fon 0221/3003-353
fax 0221/2003-380
www.dkg.de

hier können Sie eine **Liste der deutschen Firmen in ganz Kanada** per e-mail bestellen

Deutsch-Kanadische Industrie- und Handelskammer
480 University Avenue, Suite 601
Toronto, ON
Canada M5G 1V2
fon 001/416-598-3355
e-mail info.montreal@germanchamber.ca

hier können Sie eine **Liste der deutschen Firmen, die in der Provinz Quèbec** ansässig sind per e-mail oder auf Diskette für DM 20,-/25,- bestellen

Canadian Chamber of Industry and Commerce
1010 Sherbrooke Street W., Suite 1604
Montreal, PQ
Canada H3A 2R7

weitere Adressen von verschiedenen **Handelsvereinigungen**

German-Canadian Business & Professional Association
100 Adelaide Street West, Suite 904
Toronto, ON
Canada M5H 1S3
fon 001/416-863-9453

Swiss Canadian Chamber of Commerce
6795 Steeles Avenue Wet
Toronto, ON
Canada M9V 4R9
fon 001/416-741-2256

In den Provinzen gibt es in fast jeder Stadt eine Industrie- und Handelskammer-Niederlassung. Nachstehend ein Auszug aus British Columbia und dem Yukon:

Chamber od Commerce
P.O. BOX 387
Nakusp,BC
Canada V0G 1R0
fax (250)265-3121

Chamber of Commerce
#101-302 Steele St
Whitehorse, YT
e-mail wcc@yukon.net

Chamber of Commerce
P.O. BOX 490
Revelstoke, BC
Canada VoE 2S0
e-mail cocrev@junction.net

Beratungsstellen in Kanada, z. T. kostenpflichtig, daher informieren Sie sich bitte vor Inanspruchnahme jeglicher Dienste

Pathfinder Consulting Business Immigration Consultants
600 Canada Trust Tower

10104-103 Ave.
Edmonton, AL
Canada T5J 0HB
(kostenpflichtig)

Public Immigration Centre
Immigration Canada
Ottawa, ON
Canada K1A 0J9

Department of Supply and Services
45 Sacre-Coeur Blvd.
Hull, QB
Canada J8X 1C6

Novia Scotia Economic Development
World Trade Centre, Floor 5-7
PO BOX 519
1800 Argyle St
Halifax, NS
Canada B3J 2R7

Deutsches Konsulat in British Columbia für Passverlängerungen, etc.

The World Trade Centre
Suite 704, 999 Canada Place
Vancouver, BC
Canada V6C 3E1
fon 001/604-684-8377

Kontakte für ein **Auslandsstudium**

Deutscher Akademischer Austauschdienst e. V.
Kennedy-Allee 50
53175 Bonn

Carl-Duisburg-Gesellschaft e. V.
Hohenstaufenring 30-32
50674 Köln

Westdeutscher Famulantenaustausch
Godesberger Allee 54
53175 Bonn

Niederlassungen von **IKEA,** www.ikea.ca

Northgate Mail
15-555 36th St NE
Calgary, AB
Canada T2A 6K3

4210 Calgary Trail
Northbound NW
Edmonton, AB
Canada T6J 5J7

9191 Blvd Cavendish
Ville –St. Laurent, QB
Canada H4T 1M8

Pinecrest Shopping Centre
2685 Iris St
Ottawa, ON
Canada K2C 3S4

15 Provost Drive
North York, ON
Canada M2K 2X9

3200 Sweden Way
Richmond, BC
Canada V6V 2A5

1065 Plains Rd E.
Burlington, ON
Canada L7T 4K1

Regionale und überregionale **Zeitungen**

Ruland Communictions Inc.
„Canada Journal"
12 Lawton Boulevard
Toronto, ON
Canada M4V 1Z4
suscriptions@canadajournal.ca
www.canadajournal.ca

Fort Nelson News Ltd.
P.O. Box 600
Fort Nelson, BC

Canada V0C 1R0
fax 001/250-774-3612
(mir wurden mehrere Probeexemplare zugesandt mit einem sehr freundlichen Begleitbrief - allerdings hatte ich Porto in Dollar beigelegt)

The Northern Miner
#206-1200 West Pender St.
Vancouver, BC
Canada V6E 2S9
fax 001/604-669-4322
(gegen Portoeinsendung erhielt ich auch gleich mehrere Ausgaben mit einem handgechriebenen Begleitbrief)

The Prince George Citizen
(sandte mir kein Probeexemplar, wollte gleich ein Abo verkaufen, da man dieses auch für 3 Monate in Deutschland beziehen kann - da habe ich von Dienstleistung und Freundlichkeit nicht viel zu spüren bekommen)

Kanada Kurier
955 Alexander Ave.
Winnipeg, MAN
Canada R3C 2X8
(deutschsprachige überregionale Zeitung)

Makleradressen der verschiedensten Provinzdistricts

Coldwell Banker Parker
David Corrigan
161 Maypoint Rd.
Charlottetown, **PEI**

Niemar Realty Inc.
393 University Ave
Suite #2000
Toronto, **ON**
Canada M5G 1E6

Flynn Marketing Group
102-575 Québec St
Prince George, **BC**
Canada V2L 1W6
www.netbistro.com

Re/Max Action Realty
Beverly Mason-Wood
2251 Second Ave
Whitehorse, **YT**
Canada Y1A 5W

Coldwell Banker Wiley Real Estate
Fred Baum, Associate Broker
Dorset, ON
www.algonquin-cottages.com

Century 21 Home & Investment Ltd.
321 B Old Airport Rd
Yellowknife, NWT
Canada X1A 3T3
www.ssimicro.com/-century

Windermere Selkirk Realty
BOX 40
Nakusp, BC
Canada V0G 1R0

Sunrise Real Estate
4701 Franklin Ave
Yellowknife, **NWT**

Alpine Re/Max Realty
210 Bear Street
Banff, **AB**
Canada T0L 0C0
www.remax-alpine-can-ab.com

Remax Alpine Realty Ltd.
Ted Sauermann
820 8th Street
Canmore, **AB**

Aspen Realty Ltd.
Frank Urbschat
100 Mile House, **BC**
Canada V0K 2E0

Weitere **Internetadressen**

* www.gov.sk.ca (Provinzregierung Sasketchewans)
* www.micst.gouv.qc.ca (Provinzregierung Québecs)
* www.schoolfinder.com
* www.schoolnet.ca
* www.atlinrealty.com
* www.pwgsc.gc.ca/govland (crown Land)
* www.homelife.com (Maklerangebote)
* www.cb.yk.com (Maklerangebote)
* www.blockhaus.com (Infos über kanadische Log-homes)
* www.ulmergroup.com (Investments kommerzieller und industrieller Art)
* www.perf.bc.ca (Mackenzie, BC)
* www.district.tumbler-ridge.bc.ca (Tumbler-Ridge, BC)
* www.city.dawson-creek.bc.ca (Dawson Creek, BC)
* www.city.whitehorse.yk.ca (Whitehorse, YT)
* www.gdsweb.net (Gebiet um Fort St. John, BC)
* www.transat.com (Fluggesellschaft)
* www.rockymountaineer.com (malerischer Krug)
* www.coldwellbanker.com (Maklerangebote)
* www.klondike.org (Yukon-Informationen)
* www.canadatourism.com (hier können Sie ein Video über Kanada anschauen)
* www.discoveryukon.com
* www.travelcanada.ca
* www.cbsc.org (Service für Selbständige)
* www.stat.can (allerlei Statistisches)
* www.dbic.com (doing business in Canada - Serviceseiten für Selbständige)
* www.ocol-clo.gc.ca
* www.viarail.ca (Zugverbindungen)
* www.greyhound.ca (Busverbindungen)
* www.bcferries.bc.com (Fähren in BC)
* www.aircanada.ca (Fluggesellschaft Air Canada)
* www.cdair.ca (Fluggesellschaft Canadian Airlines)
* www.vancouver.com
* www.edmonton.com

* www.calgary.com
* www.canada-tours.de (Flugpreise innerhalb Kanadas)
* www.hc-sc.gc.ca (all das, was Gesundheit und Krankenversicherung betrifft)
* www.calgaryherald.com (Zeitung)
* www.canoe.ca (hierüber Toronto Sun, Ottawa Sun)
* www.canadian-dream.com (Jagdbesitz, Outfitter-Objekte)
* www.canadaonline.de
* www.canadiana.de
* www.redarrow.pwt.ca
* www.annapoliscounty.ns.ca
* www.natsenelu.com (Kleidung aus Elchleder)
* www.rwservice.com (über den Dichter Robert Service)
* www.canadapost.ca
* www.translationbureau.gc.ca
* www.alberta-canada.com
* www.telus.net
* www.banfftimberline.com
* www.nationalgeographic.com/bearcam (Live Bärenbeobachtung)
* www.kanadanews.de
* www.ccra-adrc.gc.ca
* www.ec.gc.ca
* www.medwaybay.ns.ca (Makler Novia Scotia)
* www.algonquin-cottages.com (Makler in Ontario)
* www.canadajournal.ca (u.a. Wetter, Währungkurse, Zollkarte zum Herunterladen)
* www.lqrda.ns.ca
* www.pgrd.bc.ca (Prince George, BC)
* www.city.pembroke.on.ca
* www.city.barrie.on.ca
* www.french-river.com
* www.tourisme-gaspesie.com
* www.haines.ak.us
* www.skagway.org
* www.beringia.com

Weiterführende Literatur

- **Bancroft, Hunt**
  „Indianer Nordamerikas" ISBN 3-8112-1117-X
  112 S., DM 19,80 Gondrom Verlag, Bindlach

- **Catlin, George**
  „Die Indianer Nordamerikas" ISBN 3-522-61220-5
  336 S., DM 42,- Weitbrecht-Verlag, Stuttgart

- **Ohm, Matthias**
  „Arbeiten und Lernen in den USA/Kanada"

- **Roland Kiemle**
  „Der Vagant der Windrose"
  DM 34,90 Adventure Company, In der Heidelsbach 4, 69181 Leimen

- **Streum, Ralf**
  „Der Rabe brachte die Sonne"
  DM 48,- ISBN 3-923804-60-1 Verlag Hammer Peter, Wuppertal

- **Morton, Desmond**
  „A Short History of Canada"
  Hurtig-Verlag

- **Sautter, Udo**
  „Geschichte Kanadas"
  Verlag Stuttgart

- **Pfaff, Hans-Gerhard**
  „Kanada-Yukon – Wildnis, Goldrausch & abenteuerliche Straßen"
  „Kanada-Ontario – Das Herzland Kanadas"
  „British Columbia – Vom Pazifik zu den Rockies"
  Bildbände jeweils DM 58,-, Badenia Verlag, Karlsruhe